AUTRES OUVRAGES DANS LA MÊME COLLECTION

Jean Brun : **Développez votre aptitude au bonheur.**

Jean Chartier (Docteur en psychologie) : **Vous et les autres... Cours pratique de caractérologie.**

Bruno Comby : **Comment vous libérer du tabac.**

Bruno Comby : **Stress-control. Guide pratique pour vous libérer du stress par les méthodes naturelles.**

Patrick Estrade : **Vivre sa vie : comprendre, décider et agir.**

Patrick Estrade : **Réussissez votre personnalité.**

Pierre Fluchaire : **La Révolution du rêve.**

Céline Gérent : **Le Guide du savoir-vivre sexuel.**

Thierry Loussouarn : **Transformez votre vie par la sophrologie.**

Dr André Passebecq : **Votre santé par la diététique et l'alimentation saine.**

Dr André Passebecq : **L'Enfant. Guide pratique pour les parents et éducateurs.**

Dr André Passebecq : **Psychothérapie par les méthodes naturelles.**

Dr André Passebecq : **Qui ? Découvrez qui vous êtes et qui sont réellement les autres par la grapho-morphopsychologie.**

Marcel Rouet : **Relaxation psychosomatique.**

Marcel Rouet : **Maigrir et vaincre la cellulite par la détente nerveuse.**

Marcel Rouet : **Chassez la fatigue en retrouvant la forme !**

Marcel Rouet : **La Maîtrise de votre subconscient.**

Dr André de Sambucy : **Traité pratique de Massage vertébral familial.**

Alain Saury : **Régénération par le jeûne.**

Yvonne Sendowski : **Gymnastique douce.**

Jean Spinetta : **Le Visage, reflet de l'âme.**

Pr Robert Tocquet : **La Biodynamique du cerveau.**

Pr Robert Tocquet : **Votre mémoire : comment l'acquérir, la développer et la conserver.**

Réussissez votre personnalité

collection " Psycho - soma "

(le corps et l'esprit)

DU MÊME AUTEUR :

La Mésentente dans le couple et son remède (Éditions du G.T.P.P., Nice).

Vivre sa vie : comprendre, décider et agir. Manuel pratique de psychologie au quotidien (Éditions Dangles, 1988).

Patrick ESTRADE
(Psychologue, psychothérapeute)

Réussissez votre personnalité

Guide pratique pour mieux vivre avec soi-même et les autres

Dessins de Huguette Estrade

Editions DANGLES
18, rue Lavoisier
45800 ST-JEAN-DE-BRAYE

L'AUTEUR :

Professeur de français en République fédérale d'Allemagne, traducteur et interprète auprès du Gouvernement militaire français de Berlin pendant près de 10 ans, Patrick G. Estrade (né en 1948) a étudié la psychologie à l'Institut de psychologie analytique de Berlin où il poursuivit son analyse didactique auprès du professeur Josef Rattner avec qui il a travaillé durant 3 années comme co-thérapeute. Il a publié de nombreux articles de psychologie, tant en Allemagne qu'en France.

En 1983, il fonde à Nice le Groupe de travail pour la psychologie des profondeurs (G.T.P.P.), la dynamique de groupe et la thérapie de groupe. Cette association, ayant pour objet d'encourager la recherche dans les domaines de la psychologie analytique et de la culture, publie une revue, des articles et organise des conférences régulières.

Patrick G. Estrade exerce à Nice depuis 1979 en tant que psychologue et psychothérapeute en cabinet libéral. Il partage son temps entre ses consultations, l'étude de la philosophie et l'écriture.

ISSN : 0397-4294
ISBN : 2-7033-0328-9

A Huguette,
mon épouse,
tendre et chère compagne.

INTRODUCTION

Une extraordinaire méconnaissance de nous-même

Certains d'entre nous n'arrivent pas à saisir, à comprendre le sens de « leur » vie. Ils ont tendance à penser que tous leurs problèmes proviennent du fait qu'ils sont *nés sous une mauvaise étoile,* que quelque puissance occulte leur a jeté un mauvais sort ou que leur destinée de malchanceux est « inscrite » dans le ciel. Qu'en est-il exactement ?

Sans entamer de polémique sur l'astrologie, les arts divinatoires, les prédictions et les oracles, nous souhaiterions apporter ici la précision suivante : l'astrologie ne s'est pas toujours réduite à une simple interprétation horoscopique (1). De tout temps, elle a été prisée et respectée ; il y eut même des époques où elle fit l'objet d'un enseignement dans les universités. De très nombreux et très sérieux travaux ont été réalisés dans ce domaine pour tenter, entre autres, d'établir une relation entre les signes astrologiques et le caractère des individus.

Il n'entre pas dans le propos de ce livre de discuter du bien ou du mal-fondé de ces affirmations. Contentons-nous d'exprimer ici que l'astrologie ne saurait être considérée comme une science divinatoire « précise ». En d'autres termes, et pour reprendre les

---

1. Ainsi, dans la Chine ancienne, l'astrologue et l'astronome n'étaient qu'une seule et même personne remplissant les deux fonctions.

Ne cherchons pas dans les étoiles une solution à nos problèmes de personnalité... Nous pouvons influer sur le cours de notre vie à condition de prendre conscience de notre identité.

mots d'un astrologue de notre connaissance : « Même si l'astrologie " incline ", elle ne " décide " pas ; l'Homme et l'Homme seul reste, en fin de compte, le gouverneur, le " décideur " de sa vie. »

Le but de notre ouvrage est de montrer au lecteur que chacun de nous possède une **identité** et une **personnalité** et que celles-ci, loin d'être strictement héréditaires (donc immuables) sont des structures fluctuantes, changeantes, dynamiques, susceptibles d'évoluer et de se développer. A partir de cette constatation, nous avons aussi voulu montrer que chacun d'entre nous (homme ou femme) peut découvrir, acquérir et développer une identité qui lui permette de changer et d'améliorer sa personnalité, son image de marque, son statut.

Ne cherchons pas dans les étoiles une solution à nos problèmes de personnalité. Les problèmes qui nous animent trouvent, pour une très large part, leur explication dans une extraordinaire méconnaissance de nous-même et des autres, dans notre refus déterminé et opiniâtre de chercher à comprendre ce qu'il nous déplairait ou nous ferait peur de savoir, dans notre attitude entêtée et bornée à ne vouloir voir que ce que nous sommes habitués à voir et entendre que le son de cloche de notre esprit de clocher.

Nos problèmes sont toujours liés à notre rencontre avec autrui. Cette rencontre est une rencontre totale de tout ce que nous sommes avec tout ce qu'ils sont ; en d'autres termes, c'est la rencontre de deux entités, de deux univers.

Pouvons-nous influer sur le cours de notre vie, des événements ? Oui, nous le pouvons, à condition de prendre conscience de « ce » que nous sommes et surtout de « qui » nous sommes… **en prenant conscience de notre identité.**

PREMIÈRE PARTIE

De l'identité à la personnalité

1. Tous nos problèmes viennent des autres

Les choses les plus vraies sont souvent les plus simples.

a) Apprendre à vivre ensemble

Lorsque tout va bien, que notre travail est épanouissant, que notre compagnon ou notre compagne est gentil (gentille) et amoureux (amoureuse) de nous, que nous nous sentons entouré par nos amis, inutile d'aller chercher plus loin. Il faut en profiter.

Certains ont cette chance ; en plus, ils sont beaux, remportent des succès dans tous les domaines sans lever le petit doigt (ou presque), ont des parents riches, de la famille en Amérique...

D'autres n'ont pas cette chance, c'est-à-dire, en gros, nous tous. On n'est pas mal, mais pas formidable non plus, on a un travail « stable » mais pas très passionnant, on n'habite pas vraiment un taudis, mais on préfère rencontrer les amis au restaurant ou au café.

Et pourquoi tout cela ? **Parce que les autres existent !**

Posons sincèrement le problème : si les Rockefeller, les Jane Mansfield et les Einstein n'existaient pas, rencontrerions-nous tous ces problèmes ? Certes non ! Par conséquent, si les autres n'étaient pas riches, nous ne serions pas pauvres, s'ils n'étaient pas beaux, nous ne serions pas laids, s'ils n'étaient pas intelligents, nous ne serions pas bêtes...

Nos complexes, nos sentiments d'infériorité, nos excès, nos culpabilités, nos peurs, nos angoisses, nos déprimes, nos fantasmes, nos « tout » quoi, n'auraient pas lieu d'être si les autres n'existaient pas. Ce sont eux et eux seuls qui sont à la base de nos déluges, nos catastrophes, nos typhons, nos anéantissements, nos pollutions, nos dégoûts, nos écœurements. Eux et eux seuls à l'origine de nos chagrins, déceptions, échecs, désillusions. Eux et eux seuls responsables de nos remparts, nos barrières, nos ravins, nos murailles de Chine. Et bien sûr, eux et eux seuls qui sont responsables à part entière de toutes nos résistances, nos refoulements et nos blocages.

S'il en est ainsi, pourquoi restons-nous donc avec eux ? La réponse est simple : nous ne pouvons pas faire autrement.

— N'y a-t-il pas moyen de se passer d'eux, de rester tout seul, tranquille ?

— Non, il n'y a pas moyen. A moins de fermer les yeux et de faire l'aveugle ; ou encore de s'expatrier dans un autre monde, sur une autre planète, dans une autre galaxie (1).

Alors, puisque nous n'avons pas le choix, puisque de toute manière il nous faut composer et « *faire avec les autres* », efforçons-nous de réfléchir, défricher, élucider, éclaircir... bref, tâchons de « comprendre » qui nous sommes et qui sont les autres.

Cependant, pour bien « comprendre », il va nous falloir apprendre les règles du jeu, le « *mode d'emploi de la vie sur la planète terre à l'usage de ses habitants* ». En y regardant de plus près, nous nous apercevrons alors que ce n'est pas aussi difficile que nous l'imaginions. Et puis, avouons-le sans hypocrisie, il y a toujours moyen de « tricher » un peu.

b) Le contrat de la vie

La vie est un contrat. Tous les contrats comportent des droits et des obligations, des avantages et des inconvénients.

Dans le contrat de la vie, il est stipulé que nous ne sommes pas « le seul » habitant de la planète, mais quelques milliards à nous la partager. Les autres font naturellement partie du « contrat

---

1. Il n'est pas dit que même là-bas il n'y ait pas des petits bonshommes verts qui viennent nous ennuyer !

... Tâchons de comprendre qui nous sommes et qui sont les autres...

de la vie » ; nous ne pouvons ignorer cette clause. Alors, face à ces milliards d'individus peuplant notre planète, à quoi peut bien servir notre propre petite présence sur terre ?

Nous ne pouvons répondre à cette question en ces termes. Si les autres n'existaient pas en tant que type humain, nous n'existerions pas nous-même. Cependant, la réciproque vaut tout autant, à savoir que si nous n'existions pas en tant que type humain, les autres n'existeraient pas non plus (2).

La terre est immense et le ciel infini, mais il y a certainement une place pour nous entre les deux. Il est vrai que nous ne sommes finalement « rien » en ce monde mais, en revanche, nous sommes « quelqu'un » et cela est d'une importance majeure. En effet, c'est notre qualité de « *qui je suis* » qui donne un sens à notre propre présence sur terre ; c'est elle qui nous distingue du monde animal, elle enfin qui fait de nous des « personnes ».

2. Cette notion sera reprise et complétée dans le chapitre *Centrage sur soi.*

2. Qu'est-ce que l'identité ?

Les autres sont toujours aussi un peu des « soi-même ».

a) Ce que nous ne sommes pas

S'il fallait donner une définition globale de l'identité, nous dirions qu'elle est l'ensemble de « ce » que nous sommes et de « qui » nous sommes.

Hélas ! il faut bien reconnaître que nous avons plutôt tendance à percevoir notre identité dans ce que nous ne sommes pas (c'est-à-dire tout ce qui a été greffé sur nous par nos parents, nos enseignants, la société, etc.), que dans ce que nous sommes réellement. Essayons donc d'établir ce qui relève de notre héritage **héréditaire** et de notre héritage **acquis** et ce qui relève plus intrinsèquement de nous-même.

Notre identité consiste en l'assemblage d'une multitude de maillons ne provenant pas uniquement de nous-même mais tirant leur origine des quatre instances vitales que sont notre *hérédité,* notre *inconscient collectif,* notre *inconscient individuel* et notre *acquis.*

Parmi les **facteurs acquis,** sont rassemblés :

— Toutes les idées, tous les comportements, toutes les convictions philosophiques, les positions politiques et sociales émanant de notre cellule familiale.

— Tous les freins et toutes les interdictions déterminés par notre milieu social.

— Tous les clichés, les préjugés, les idées toutes faites récoltés chez les « pseudo-maîtres à penser » qui ont encombré notre enfance scolaire.

— Toutes les croyances, les rêves, les chimères, les folies des grandeurs en même temps que tous les remords, les mauvaises consciences, les sentiments de culpabilité distillés par notre environnement moral et religieux.

— Enfin, toutes les idées fausses, les intimidations, les peurs et les angoisses que les divers milieux policiers et étatiques font peser sur nous.

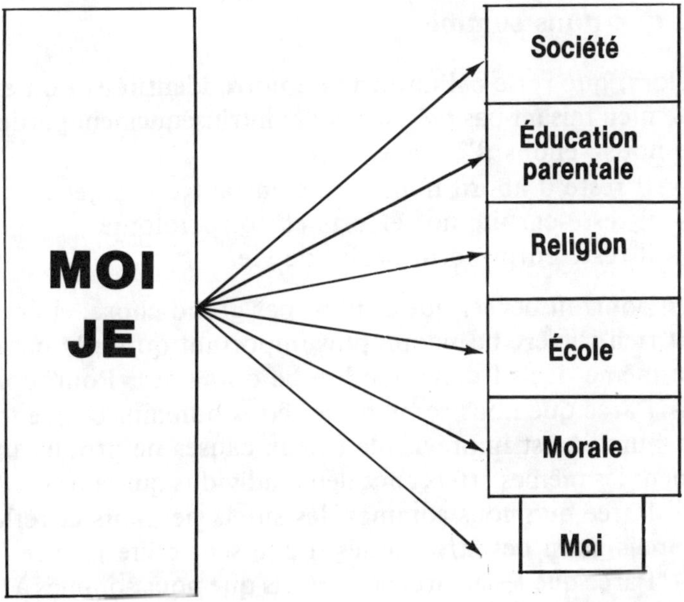

Parmi les facteurs d'**inconscient collectif,** figure tout ce qui n'a pas été « acquis » individuellement mais dont notre inconscient a malgré tout hérité. Il s'agit d'un patrimoine psychologique commun à toute race ou à toute culture ou à toute époque ; c'est une sorte de concentré de tout ce que les hommes ont vécu depuis que le monde des hommes existe et qui leur est transmis héréditairement.

Parmi les facteurs d'**inconscient individuel,** il y a lieu d'inclure l'ensemble des faits psychiques dont nous n'avons pas conscience (nos lapsus, nos actes manqués, nos rêves, nos souvenirs « oubliés »). On trouve, en outre, tous les conflits naissant du heurt de nos désirs et de nos tendances avec la dure réalité extérieure (sociale, morale et religieuse).

Parmi les **facteurs héréditaires,** on trouve tout ce qui conditionne notre apparence extérieure (morphologie de base, caractères physiques, etc.) et nos aptitudes dites « naturelles ».

b) Ce que nous sommes

Alors, que reste-t-il au juste de notre identité si l'on exclut, puisque n'en faisant pas précisément et intrinsèquement partie, tout ce que nous venons d'énoncer ?

— Il reste d'abord nous-même en tant que sujet ;
— il reste ensuite nos efforts et notre volonté ;
— il reste enfin notre projet de vie.

On pourrait penser que ce n'est pas grand-chose, et pourtant ce petit rien s'avère beaucoup plus important qu'il n'y paraît ; il s'avère même décisif dans nombre de domaines. Pourquoi ?

— Parce que nous sommes des êtres humains et que tout ce qui est humain est imprévisible ; deux causes ne produisant pas forcément les mêmes effets chez deux individus qui se ressemblent.

— Parce que nous sommes des sujets pensants et réfléchissants, mais aussi des êtres doués d'une sensibilité propre.

— Parce que les efforts personnels que nous sommes à même de déployer peuvent à n'importe quel moment venir remettre en cause un schéma de vie que l'on croyait indestructible et irrémédiable.

— Parce que nous possédons une volonté propre. Celle-ci peut produire des résultats insoupçonnés et amener l'homme à se surpasser et à réaliser ce qui lui paraît impossible.

— Parce que enfin, nous disposons (ou pouvons disposer) d'un projet de vie nous permettant de nous tourner vers l'avenir.

c) Les « squatters » de notre identité

Il est vrai que notre identité ressemble à un gigantesque puzzle, mais n'oublions pas que nous sommes — directement ou indirectement — le sujet, l'utilisateur et le manipulateur des éléments qui la composent.

Notre identité ressemble à un gigantesque puzzle... mais n'oublions pas que nous sommes l'utilisateur et le manipulateur des éléments qui la composent.

Notre qualité d'homme peut remettre en cause nombre de facteurs relevant de notre inconscient. En outre, elle nous permet de changer de point de vue, d'attitude et de politique vis-à-vis de tous les facteurs acquis, nous amenant à davantage de réalisme face à nos chimères et à nos folies des grandeurs.

Nous avons tous un point commun : notre identité intrinsèque existe, elle est présente en chacun de nous, qui que nous soyons et quoi que nous fassions. Nous existons tous en tant que « personne » et c'est pourquoi nous pouvons aussi exister en tant que « personnalité » dans la mesure où nous savons trouver une utilisation personnelle, sensible, sensitive et subjective de notre identité.

Qu'est-ce qui différencie la « personne » de la « personnalité » ?

— La personne est l'être humain doué d'une identité sur laquelle il peut peser.

— La personnalité est l'intégration de notre identité d'homme, c'est-à-dire de personne, dans notre monde intérieur sensible. Notre personnalité dépend donc, en fin de compte, de notre libre arbitre.

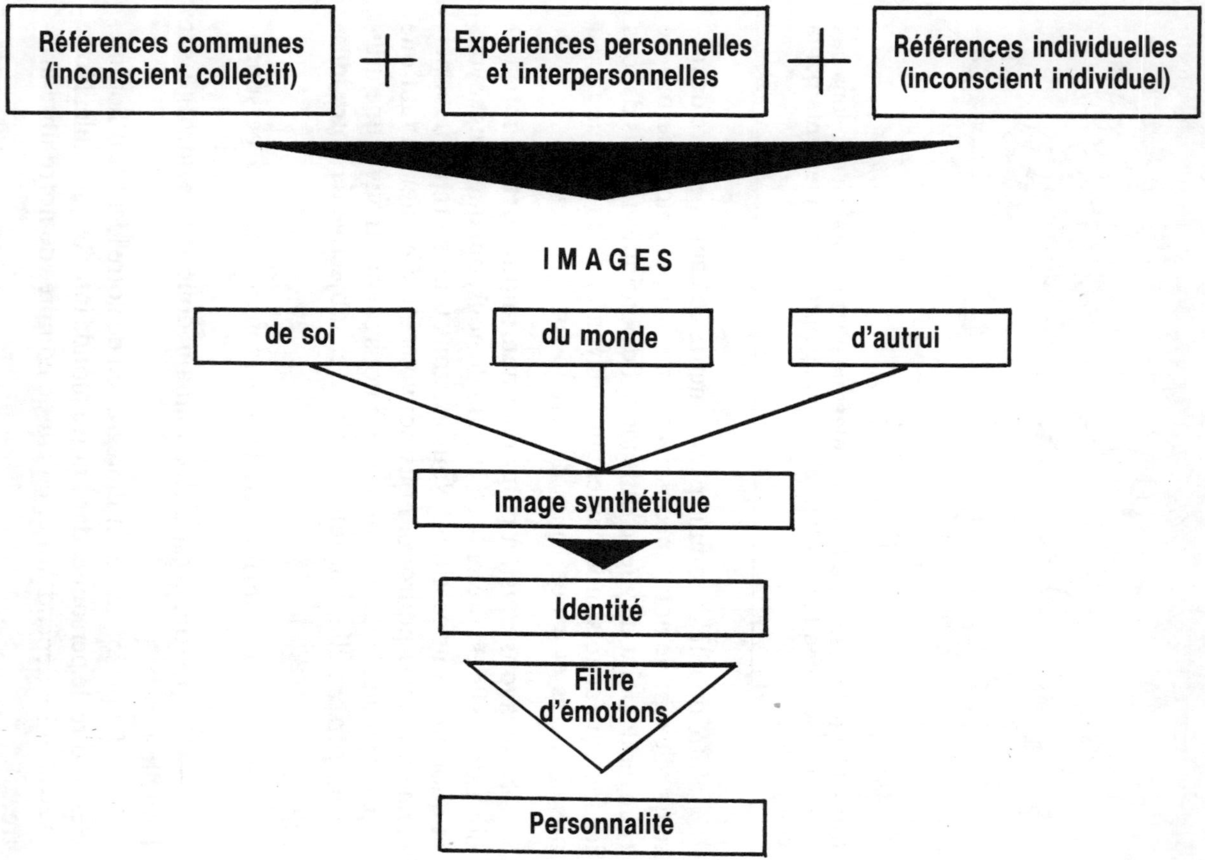
Références communes
(inconscient collectif)
Expériences personnelles
et interpersonnelles
Références individuelles
(inconscient individuel)
IMAGES
de soi
du monde
d'autrui
Image synthétique
Identité
Filtre
d'émotions
Personnalité

En résumé, retenons que tout ce qui entre dans les facteurs héréditaires et d'inconscient collectif constitue « ce » que nous sommes, tandis que tout ce qui entre dans les facteurs d'inconscient individuel et les facteurs acquis constitue « qui » nous sommes. Retenons en outre que pour mettre à jour notre véritable personnalité, nous devons faire le tri de ce qui relève de notre identité intrinsèque et de ce qui émane de notre ancien milieu familial, social, moral, éducatif et religieux, véritables « squatters » de notre identité.

3. Pour mettre les choses au point

Ne pas chercher le sens de la vie, mais aller vers les choses qui vont remplir notre vie de sens.

a) L'héréditaire et l'acquis

D'aucuns défendent la thèse selon laquelle nous venons au monde avec notre caractère, notre identité et notre personnalité une bonne fois pour toutes et affirment qu'il est impossible d'en changer. D'autres, au contraire, pensent que si certains facteurs héréditaires sont présents en nous dès la naissance (ou même avant, dans la vie intra-utérine du fœtus), le milieu social et familial, les circonstances de la vie, la volonté de l'homme et son « projet de vie » sont autant d'éléments qui remettent en question ces facteurs héréditaires et nous permettent d'accéder à une autre identité. Que faut-il en penser ?

La réponse, bien sûr, varie selon les conceptions scientifiques, philosophiques, idéologiques et éthiques de chacun. Pour notre part, nous sommes convaincu que, malgré l'existence réelle et indiscutable de paramètres héréditaires et innés, l'homme a la possibilité de peser d'un poids décisif sur son destin et son devenir dans la mesure où il accepte de faire l'effort de comprendre qui il est, qui sont les autres et comment il se situe face à eux et au monde.

Ces trois questions nous conduisent à nous poser préalablement une autre question, plus fondamentale encore, celle du « sens de la vie ».

b) Quel sens donner à notre vie ?

Il nous arrive parfois de nous interroger sur le sens de la vie. Cependant, devant l'ampleur et la complexité de la tâche, nous avons tôt fait d'abandonner cette question aux philosophes et préférons passer en « pilotage automatique ». Pourquoi ?

L'une des raisons en est que, paradoxalement, lorsque nous cherchons à découvrir le sens de la vie, c'est d'abord et avant tout son non-sens qui nous saute aux yeux. On sent bien que l'on est sur terre, mais on ne sait pas trop pourquoi, et comme il faut « faire avec », on fait « avec ». Dans quel but ? On n'en sait rien. Alors, pour finalement, ne plus penser à tous ces problèmes insolubles, on pratique le vélo, la course à pied ou le tennis et on continue à jouer comme un enfant insouciant.

Ne pas chercher le sens de la vie,
mais aller vers les choses qui vont remplir notre vie de sens.

Cependant, il arrive fatalement un moment où l'on a envie de dépasser ce stade de l'insouciante enfance et où on ne peut plus se satisfaire du tennis, du vélo et de la course à pied. Mais encore faut-il pouvoir dépasser ce non-sens de la vie pour accéder à autre chose. Comment faire ? D'abord, en reconnaissant que le sens de la vie ne nous est pas « donné » mais seulement « laissé ». C'est à nous et à nul autre d'en façonner les contours, d'en fixer les bases, d'en esquisser les limites, d'en déterminer les couleurs, d'en écrire le scénario. Et pour réaliser cela, nous disposons d'un instrument privilégié qui s'appelle la **culture.**

c) La culture est le vocabulaire des choses de la vie

Oh ! bien sûr, ce mot a le don de nous hérisser dès que nous l'entendons prononcer car nous tendons à l'assimiler aux souvenirs les plus rébarbatifs et les plus ennuyeux de notre éducation et notre enfance ! Pourtant, il faut savoir que la culture n'est pas forcément et uniquement les interminables tirades du *Cid* ou *la Tétralogie du Ring* de Richard Wagner.

La culture est avant tout ce qui différencie le monde humain du monde animal ; elle est une sorte de « pied de nez » que l'homme intelligent et pourvu d'un esprit de synthèse adresse à la nature (3).

D'une manière plus générale, la culture donne un sens à la vie de l'homme ; elle est le vocabulaire de sa vie : plus celui ci est riche, plus ses perspectives de vie sont larges. Elle lui permet d'ordonner et d'articuler ses gestes, ses actions, ses idées, ses projets, l'autorisant ainsi à penser en termes de « devenir ». C'est pourquoi récuser l'idée de culture reviendrait à récuser tout ce qui, finalement, fait la vie de l'homme. Nous devons donc en premier lieu nous réconcilier avec la culture et apprendre à nous y sentir à l'aise.

---

3. Ainsi, le fait que l'homme ait appris à se mouvoir sur deux jambes et non plus à quatre pattes pourrait être considéré comme l'un de ses premiers acquis culturels.

Une fois que nous aurons un peu dépassé nos idées fausses et nos préjugés concernant la culture, nous devrons nous poser la question : « *A quoi doit servir ce que je désire faire ou entreprendre ?* » Ce travail d'élucidation du « à quoi ça sert » est indispensable car la plupart de nos actes se font par habitude, automatisme, réflexe ou conditionnement, sans que nous sachions précisément pourquoi. En outre, n'oublions pas que la majeure partie de nos difficultés relationnelles et des problèmes d'identité qui en résultent proviennent du fait que nous ne savons pas non plus précisément à quoi doivent nous servir nos relations avec les autres, ce que nous pouvons et devons en attendre.

d) Envie et volonté

Nous avons affirmé précédemment qu'il était possible de changer ; il convient néanmoins d'ajouter à cette assertion une dimension supplémentaire : la **volonté de changer.** Tout changement implique une forte dose d'engagement, d'endurance et de travail. Rien ne vient de rien. La découverte et la mise en situation de notre véritable identité ne sont pas une mince affaire ; elles passent par bien des déceptions, des désillusions, des découragements et des désenchantements.

L'envie de changer est naturelle et légitime. Chacun de nous l'exprime à un moment ou à un autre de sa vie. Cependant, le lecteur doit savoir que la seule « envie » ne suffit généralement pas pour mettre en branle la « dynamique du changement » ; celle-ci nécessite une pugnacité que seule une volonté impérieuse, profonde et déterminée peut réaliser.

Qu'il sache aussi que ce travail long et ardu se trouve au bout du compte largement récompensé car rien n'est plus beau que de voir émerger une identité et « fleurir » une personnalité là où l'on désespérait de voir pousser la moindre individualité ; rien ne procure davantage de fierté que ce qui provient de notre propre effort.

La personnalité a ses mystères. Ceux-ci ne sont pas immédiatement perceptibles et accessibles. De même que le diamant est caché dans sa gangue, enfoui sous terre, la personnalité est une pierre précieuse exigeant beaucoup d'efforts, de savoir-faire et d'acharnement pour apparaître dans toute sa splendeur.

e) Un travail au compte-gouttes

Ce travail de mise à jour et de construction de notre véritable identité ne peut se faire en un tournemain. On ne se défait pas aussi aisément des mécanismes d'infériorisation, des schémas concurrentiels, des carences de sentiment social lorsqu'ils se trouvent aussi solidement ancrés en nous ; on ne détruit pas en un mois ce qu'on a mis vingt, trente, quarante ou cinquante ans à construire.

La découverte de notre propre identité est un travail au compte-gouttes. Mais rappelons-nous que *« les petits ruisseaux font les grandes rivières » ;* ne nous préoccupons pas des défaitistes qui ne voient dans l'humain aucune possibilité personnelle de développement et de réalisation ; ne prêtons pas l'oreille aux discours oiseux des « tièdes », n'écoutons pas ceux qui nous promettent monts et merveilles dans l'au-delà. Attelons-nous à la tâche. **Changer aujourd'hui et dans cette vie est possible** ; chacun le peut, à sa manière, en fonction de ses aspirations et de ses possibilités. Devenons l'un de ceux dont les autres diront de lui : *« Comme il a changé, on ne le reconnaît plus ! »*

4. Les obstacles à notre identité

Débusquer l'illusion du choix.

Nous avons vu dans les pages précédentes que notre identité n'est pas une entité monofaciale mais est constituée d'une multitude d'éléments représentant, pour la plupart, de véritables « obstacles » qui nous paralysent dans nos actions et dans notre devenir. Cela est suffisamment important pour que nous nous penchions maintenant sur cette question.

D'emblée, on peut considérer que les obstacles à notre identité sont de trois natures :

— Ceux relevant de notre fait.
— Ceux relevant du fait d'autrui.
— Ceux relevant du fait de la société et de la culture.

a) Les obstacles relevant de notre fait

Il est curieux de constater que, paradoxalement, lorsque nous sommes en « crise d'identité », nous avons du mal à percevoir, à appréhender, à accepter tout ce qui n'est pas directement lié à notre « personne », si bien que nous finissons par nous sentir envahi par tout ce qui n'est pas directement lié au Moi auquel nous sommes habitué.

Notre Moi est constitué d'une multitude de « Moi », tous plus importants les uns que les autres. Toutefois, nous oublions trop souvent cette évidence pour ne nous concentrer que sur un seul et unique Moi, connu de nous seul et entretenu par nous seul dans le secret le plus absolu de nos chimères et nos fantasmes.

Ce Moi secret est une sorte de temple où nous ne glorifions qu'un seul et unique Moi inconnu et mystérieux. Dans ce Moi sont réunis à la fois toutes nos espérances, nos rêves, nos illusions, en même temps que tous nos clichés et nos préjugés.

b) Les obstacles relevant du fait d'autrui

Ce Moi unique, rigide et inflexible, supporte généralement mal la présence d'un autre Moi dans son environnement car, comme nous venons de le voir, il se sent envahi, mis en danger par tout ce qui n'est pas de son ressort, tout ce qui n'entre pas dans son environnement émotionnel immédiat, tout ce qui n'est pas conforme à son Moi habituel. Dès qu'une personne l'approche, il se sent renversé, éclaboussé, pénétré, envahi. Il a le sentiment que les autres attendent toujours quelque chose de lui qu'il n'est pas en état de donner.

De telles situations sont fortement génératrices d'angoisses et conduisent souvent la personne à préférer mettre de la distance entre elle et les autres plutôt que de risquer de se sentir mal au sein d'une relation dans laquelle elle se perçoit non pas comme un sujet vivant, mais comme un objet dérisoire et inutile.

Au fil des jours et des semaines, elle va préférer renoncer à telle sortie, tel travail, telle manifestation, tel spectacle, telle invitation... par peur d'une crise d'angoisse qu'elle sait pouvoir se déclencher d'un instant à l'autre. Cette peur omniprésente envahit son quotidien et ne lui laisse plus aucune issue ni aucun recours, sinon celui de se replier sur elle-même, de s'isoler, de refuser tout contact avec autrui, de se fermer à toutes les formes de manifestations sociales ou culturelles.

c) Les obstacles relevant du fait de la société

La société entre pour une très large part dans nos crises d'identité. Elle-même se trouve placée dans une situation paradoxale la contraignant de nous asservir et de nous émanciper. En effet, si pour régner elle doit dominer, asservir, réduire, inféoder, diviser l'homme (selon l'adage « *diviser pour mieux régner* »), elle doit également — et dans le même temps — trouver des novateurs, des créateurs, des inventeurs qui lui permettent de poursuivre sa course à l'expansion et à la conquête.

Face, d'une part, à la nécessité d'une cohésion de la masse de la population pour entretenir le mythe d'une seule et unique réalité (celle de l'existence même d'une telle société) et, d'autre part, à l'indigence relationnelle toujours croissante de ladite population, il en résulte un sous-développement socioculturel dont nous pâtissons tous.

*
* *

d) Tout ce que nous faisons, nous ne le décidons pas vraiment

La société nous dicte ce que nous avons à faire et à ne pas faire ; elle nous indique ce qui est bien et ce qui est mal, nous démontre ce qui convient et ne convient pas. Que nous nous en rendions compte ou non, nous sommes, d'un bout à l'autre de notre existence, pris en charge par elle. Elle conserve une influence décisive dans tous les domaines importants de notre vie. Elle dirige, induit, canalise, téléguide nos pensées, nos actes, nos gestes, nos goûts, jusque dans les domaines les plus intimes, tel celui de la sexualité.

Dès la plus petite enfance, la société et sa complice, l'école, répriment tous les débordements, les digressions, les mouvements spontanés, figeant ainsi la majeure partie des aptitudes intuitives de l'enfant, tandis que dans le même temps, elles s'érigent en défenseurs ardents d'une politique pédagogique de créativité et d'éveil (4).

Tous les grands choix, toutes les grandes options, toutes les décisions importantes nous concernant passent aujourd'hui par le filtre de la société. Biberonnés, langés, protégés, assistés, nous en arrivons à un degré — probablement jamais atteint auparavant — d'incapacité, voire d'impossibilité d'appréciation, d'évaluation, de différenciation, de jugement, de décision, qui se retrouve, se manifeste et se répercute dans tous les domaines de notre vie quotidienne.

Partagés entre les mirages de décisions téléguidées par la société et un mode compulsionnel de désirs et d'envies gouverné par notre inconscient, quelle illusion peut-il nous rester quant à notre latitude de choix et à notre capacité de décision ? Qui peut, aujourd'hui, affirmer détenir un pouvoir décisionnaire souverain et autonome de lui-même ?

---

4. Ainsi, un enfant qui déborde de fantaisie inventive et de génie poétique dans ses rédactions, mais qui s'écarte du sujet imposé, est immédiatement remis dans le « droit chemin » avec une mauvaise note pour « hors sujet » au lieu d'être justement récompensé pour sa capacité de création !

La société et l'école répriment tout débordement, tout mouvement spontané, figeant ainsi les aptitudes intuitives de l'enfant.

Rares sont ceux d'entre nous qui peuvent se targuer de « flirter » quotidiennement avec la magie du choix et le pouvoir de la décision. Ceux-là ne sont pourtant pas « favorisés des dieux » ; ils ont plus simplement fait (la plupart du temps tout seuls) le dur apprentissage de la connaissance de soi et d'autrui et appris à développer, à partir de cette connaissance, une singularité, une identité, une personnalité suffisamment souveraines et lucides pour être capables de maintenir en eux la vigilance — devrions-nous dire de révolte ? — propre à toute prise de décision.

e) On ne nous a pas tout dit

Est-ce à dire que certains d'entre nous détiennent un savoir que d'autres ne détiennent pas, qu'ils possèdent une sensibilité les rendant plus aptes que d'autres à percevoir l'imperceptible, à débusquer « l'illusion du choix », à anticiper les pièges de l'antidécision ? D'où leur vient ce savoir, n'ont-ils pas été à la même école que nous ? *A priori,* on peut penser que si.

La première école est celle des parents. Dans cette école, ils nous enseignent ce qu'il faut faire et surtout ce qu'il faut « ne pas faire ». L'évaluation de ces deux domaines se définit naturellement en fonction de critères tout à fait subjectifs et personnels consistant en fait, la plupart du temps, en une résurgence de tous les clichés et de tous les préjugés familiaux et culturels de l'environnement dans lequel ils ont eux-mêmes baigné. En d'autres mots : tout leur acquis névrotique (5).

La seconde école est celle de l'État, dite « Enseignement public ». On y rencontre à peu près les mêmes résurgences pathologiques et les mêmes critères névrotiques qu'à l'école familiale. Parfois, on y trouve plus d'amour et moins d'éducation, parfois plus de violence et moins d'hypocrisie.

Dans l'une comme dans l'autre, l'enfant que nous sommes va apprendre la vie en société, mais fera l'impasse sur son « sentiment social ». Dans l'une et dans l'autre, il apprendra à obéir à l'agrégat parent/professeur et déploiera tous ses efforts pour plaire à l'un et à l'autre. Il s'efforcera de réduire son horizon émotionnel et cognitif pour mieux s'intégrer, mieux s'harmoniser à l'environnement monoculturel et uni-réalitaire qui s'impose à lui.

Telle serait la triste conclusion s'il n'existait une troisième école : celle de la vie. Cette école ne connaît ni lieu, ni espace, ni temporalité. Elle n'est l'apanage d'aucun en particulier et reste l'exclusive de tous. Cependant, son accès y est si simple que rares sont ceux qui l'aperçoivent, tant ils sont attachés et enracinés aux deux premières.

---

5. Voir du même auteur : *Vivre sa vie : comprendre, décider et agir* (Éditions Dangles).

f) L'école de la vie

Cette école de la vie est notre école personnelle, celle dans laquelle nous sommes notre propre pédagogue, notre propre éducateur, notre propre récriminateur, notre propre censeur, notre propre juge.

Certes, l'identité que notre milieu familial, social et culturel nous a léguée est essentielle car elle constitue la trame même de notre existence. Toutefois, une trame, aussi importante soit-elle, ne reste jamais qu'un canevas, une ébauche, une esquisse et peut, en tant que telle, être modifiée, affinée, épurée. C'est à nous et à nous seul qu'il appartient, à partir de cette trame, de construire notre propre identité en fonction de valeurs que nous aurons au préalable soigneusement sélectionnées et choisies.

Notre « identité de base » n'est pas tout. Plus capitales sont « les éducations » que nous nous donnons à nous-même car elles sont autant d'éléments qui vont venir peser sur notre « identité finale ».

Nous l'avons dit, l'identité (celle qui compte vraiment car correspondant le plus exactement à celui que nous sommes) est un apprentissage personnel. De la conscience avec laquelle sera mené celui-ci découlera la « qualité finale » de celle-là.

Plus notre « apprentissage d'identité » sera réalisé de manière constructive et conséquente, moins longtemps nous aurons besoin de nous leurrer sur notre pseudo-identité d'hier.

*

* *

Retenons que **notre identité ne nous est pas « donnée », mais simplement « laissée »**. Il nous appartient de déployer les efforts nécessaires pour la rendre à la hauteur de ce que nous espérons, pouvons et devons être.

5. Identité et personnalité

La personnalité, c'est ce qui reste quand on a tout retrouvé.

a) On perd à « gagner à être connu »

On dit des personnes dont la personnalité ne saute pas immédiatement aux yeux qu'elles « *gagnent à être connues* », entendant par là qu'il faut s'approcher très près d'elles pour découvrir qu'elles ne font pas juste « *partie des meubles* » mais existent en tant qu'individualités au même titre que tous les autres.

Il faut bien le dire, certaines personnes cultivent à l'excès ce zèle de la discrétion, de sorte qu'elles finissent par compter pour quantité négligeable aux yeux des autres. Un tel effacement s'avère souvent bien dommageable et il est certain que si elles comprenaient mieux les mécanismes psychiques qui en sont à la base, elles pourraient moduler plus adéquatement leur goût pour la discrétion.

Lorsque nous disons d'une personne qu'elle n'a aucune personnalité, nous voulons signifier qu'elle ne possède pas ce « petit quelque chose » qui pourrait la différencier des autres. Mais en sommes-nous vraiment sûr ? Ne peut-on pas penser qu'elle possède une personnalité comme tout un chacun mais qu'elle ne sait pas ou n'ose tout simplement pas l'exprimer et lui laisser libre cours ?

Regardons autour de nous et nous constaterons que nombre de personnes recèlent en elles des monceaux de richesses mais ne savent pas les exploiter. Ainsi, certaines abritent dans leur cœur d'extraordinaires cris d'amour mais restent muettes ; d'autres possèdent une intelligence sensible et aiguisée mais n'en laissent rien filtrer ; d'autres encore détiennent une grande culture mais l'ensevelissent sous leur silence désabusé.

Le fait qu'une personne semble dénuée de personnalité ne signifie pas qu'elle en soit effectivement dépourvue ; cela indique plutôt qu'elle ne laisse pas émerger son originalité intrinsèque car elle n'a pas appris à lui donner libre cours.

Quelle différence convient-il d'établir entre identité et personnalité ?

— L'**identité** est la perception que nous avons de nous-même face à autrui. Si l'autre n'existait pas, nous n'aurions pas besoin d'identité ; c'est lui qui rend notre identité nécessaire. Nous possédons tous une identité ; elle est en nous quoi que nous fassions.

— La **personnalité**, en revanche, n'est pas immédiatement visible et saisissable. Elle existe en nous à l'état latent, en sommeil. Il nous appartient de la réveiller, de la faire surgir et s'exprimer vers l'extérieur. « *Avoir de la personnalité* » signifie être capable d'utiliser *hic* et *nunc* (6) les éléments de notre identité.

b) Donner, c'est l'autre moitié de prendre

Prendre et donner correspondent à l'un des fondements les plus essentiels et les plus vitaux de l'homme. Toute sa vie s'articule sur cette dialectique perpétuelle et flottante ; tous les domaines importants de sa vie passent par là : travail, relations interpersonnelles, amour, créativité.

Donner, c'est l'autre moitié de prendre...

C'est par l'acquisition du *prendre* et du *donner* que nous apprendrons à nous *livrer* à une activité professionnelle, à *échan-*

6. Ici et maintenant.

ger et dialoguer avec nos amis et nos proches, à nous *abandonner* dans une relation amoureuse, à nous donner à fond dans une passion créatrice.

La psychologie — et plus particulièrement la psychothérapie — sont d'excellentes écoles d'éveil de la personnalité. Le rôle de la psychothérapie est de donner ou de rendre sa personnalité à l'analysant venant en consultation. Lorsque nous disons « donner une personnalité », cela signifie lui donner les moyens de son Moi. Cela veut dire aussi : rediriger, redistribuer les éléments de son **identité manifeste** (traits de caractères, comportements connus, etc.) et de son **identité latente** (dons insoupçonnés, qualités restées à l'état latent, potentiels inemployés).

6. Relations interindividuelle et interpersonnelle

a) Tout ce que les autres font n'est pas forcément pour notre bien (ou pour notre mal)

L'une des erreurs que nous commettons le plus fréquemment dans notre vie sociale est de prendre les gens pour ce qu'ils ne sont pas. Pourquoi nous trompons-nous ainsi sur leur compte ?

Il faut savoir que, dans nos relations avec les autres, nous avons tendance à utiliser des schémas relationnels remontant à notre propre enfance. Expliquons-nous. Dans l'enfance, nous avons vécu une multitude d'émotions puis instauré, à partir de celles-ci, des types de comportements et d'attitudes y correspondant. Au fil des années, nous nous sommes habitués à reconnaître comment telle cause émotionnelle pouvait produire telle attitude chez autrui (et *vice versa*) et avons appris à en jouer en fonction de nos envies et de nos désirs (7).

7. Ainsi, l'enfant que nous avons été s'est bien vite rendu compte que ses pleurs et ses jérémiades pouvaient contrecarrer une situation désagréable, ses bouderies désamorcer une punition, ses colères lever un interdit... Il a tôt fait de découvrir les avantages que procure un tel pouvoir sur les autres et ne se prive pas d'en user (et d'en abuser !) chaque fois qu'il en a l'occasion.

Une fois adulte, nous cherchons à retrouver dans notre comportement avec les autres l'écho des émotions qu'ils produisaient jadis en nous. En jargon psychologique, on appelle cela le *transfert* (8). Ce transfert que nous exerçons sur autrui est fonction de notre perception du monde, du milieu dans lequel nous avons vécu dans l'enfance, de la constellation familiale dans laquelle nous avons « gravité », de notre place dans notre fratrie (sommes-nous fils ou fille unique, le second, le troisième enfant, l'aîné était-il une fille, un garçon, etc.), et de bien d'autres choses encore.

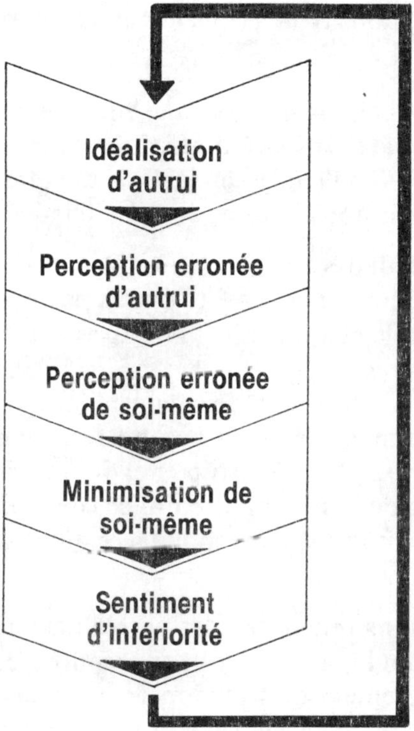

8. Le transfert est une tendance à vouloir revivre avec autrui ce que nous avons vécu dans notre propre passé (généralement dans notre enfance) avec notre famille ou notre entourage ; c'est aussi le désir impérieux de voir les autres se conformer à des règles morales et éthiques qui n'appartiennent qu'à nous.

Les influences relationnelles vécues dans la petite enfance se révèlent décisives pour la sélection que nous opérons parmi les éléments destinés à constituer notre future « identité vécue » car c'est d'elles, essentiellement, que dépendra notre attitude face à la vie.

Ainsi, si nous avons vécu une enfance malheureuse, dure, faite de privations et d'abnégation, d'agressivité et de brutalité, nous aurons tendance à transférer sur autrui ce « style de vie » que nous aurons perçu dès les premières années de notre vie.

De même si nous avons vécu une enfance neutre, avec des parents indifférents, en bordure de tout, une enfance faite de solitude et d'absence, nous trouverons normal de percevoir le monde comme tel.

Si, enfin, nous avons traversé une enfance heureuse et insouciante, dorloté et gâté, entouré d'affection et de sollicitude, nous aurons tout aussi naturellement tendance à attendre des autres qu'ils se comportent avec nous comme le faisait jadis notre famille.

Mais qu'en est-il des autres ? Ne se trouvent-ils pas eux-mêmes dans la même position que nous ? N'ont-ils pas, eux aussi, un passé émotionnel, sensible et subjectif ? N'effectuent-ils pas également un transfert sur nous ?

Si, bien sûr ! Leur passé, leur constellation familiale et leur fratrie ne correspondent en rien aux nôtres, mais ils ne peuvent s'empêcher, eux non plus, de projeter et de transférer sur nous les images familières de leur propre enfance, de leur propre vie. En psychologie, cette situation correspond à ce qu'on appelle le *contre-transfert*.

Si nous voulons rencontrer les autres dans une relation correcte, claire et limpide, nous devons apprendre à évaluer leurs faits et gestes, non seulement en fonction de ce que nous connaissons nous-même de la vie, mais aussi et surtout en fonction de ce qu'eux sont capables ou disposés à nous donner sur le moment. Tout ce que les gens font n'est pas forcément pour notre bien ou pour nous faire plaisir, mais ça n'est pas forcément non plus pour nous faire du mal ou nous faire souffrir.

Les situations transférielles et contre-transférielles que nous vivons s'avèrent souvent très névrotiques car elles ont pour effet de déformer totalement la réalité du champ relationnel et affectif s'établissant entre nous et les autres. C'est pourquoi, lorsque nous commençons à percevoir un certain malaise, il convient de « recadrer » nos relations avec eux.

b) Recadrer nos relations avec autrui

Recadrer nos relations signifie réactualiser ce que nous ressentons vis-à-vis d'autrui et tenter de nous débarrasser des idées toutes faites et des préjugés que nous alimentons envers eux.

Il nous arrive parfois d'imaginer des situations extraordinaires dans lesquelles le rêve impossible va se réaliser comme par enchantement et nous conduire à faire figure de héros. Avouons-le, ces douces rêveries nous font du bien même si, par ailleurs, nous savons de façon définitive qu'elles ne sont que chimères. Une fois ce « moment de transport » passé, nous redescendons sur terre, prêt à affronter de nouveau la vie.

Cependant, lorsque nous souffrons de solitude, il peut advenir que ces idées deviennent si fortes qu'elles finissent par nous envahir complètement, nous conduisant à adopter des attitudes totalement inadéquates (9), voire à prendre des décisions irréversibles, alors que la situation ne reposait, en fait, sur aucune donnée concrète, réelle ou fondée. Ces situations, génératrices de déséquilibre, se trouvent généralement encore aggravées par le silence ou le secret que nous faisons planer autour d'elles.

Qu'est-ce donc qui nous pousse à vouloir garder secrètes ces « idées folles ». Que se cache-t-il derrière ces « vues de l'esprit » ? Ne sont-ce pas toutes nos peurs, nos craintes, nos angoisses qui battent le rassemblement face au risque du rejet de l'autre, de son éventuel abandon et sa conséquence directe : la solitude ?

---

9. Par exemple, le désir d'avoir des rapports plus étroits avec un professeur d'anglais bien que nous soyons dans une classe de 10 élèves, « faire une obsession » chaque fois que l'on a un moniteur de ski ou un professeur de tennis en face de soi, etc.

Avouons-le humblement, cette peur, nous la connaissons tous, qui que nous soyons, à un degré ou à un autre. Nous la connaissons tous car nous avons tous vécu, une fois au moins dans notre enfance, la peur d'être abandonnés, perdus ou simplement oubliés.

c) Le désir d'être unique pour l'autre

Une telle peur de l'abandon devrait normalement disparaître à l'âge adulte et pourtant, elle continue de nous hanter. Pourquoi ?

La raison majeure en est que nous tendons à perpétuer dans notre quotidien émotionnel et sensible les schémas relationnels de notre enfance, particulièrement ceux vécus avec notre mère ou notre père. En effet, il faut bien admettre que quel que soit notre environnement social et familial, que nous ayons été un enfant unique gâté par ses parents ou soyons issu d'une famille nombreuse, que nous ayons grandi en pension ou venions d'une famille d'adoption, notre quête reste finalement toujours la même : bâtir et rechercher avant tout des relations exclusives avec autrui se rapprochant le plus possible de la relation initiale que nous connaissons le mieux et savons la plus rassurante, à savoir : la relation mère/enfant ou père/enfant.

Dans nos rapports avec les autres, nous sommes la plupart du temps confrontés à deux grands choix relationnels (10) :

— Le premier concerne nos relations d'individu à individu (11) ; on les nomme *relations interindividuelles.*

— Le second concerne nos relations en tant que personne (12) face au groupe ; on les nomme *relations interpersonnelles.*

---

10. Dans un souci de clarté, nous n'avons retenu ici que ces deux types. Il va sans dire qu'en réalité le nombre des situations relationnelles rencontrées dans la vie est quasi infini puisque notre Moi social s'articule sur une infinité de paramètres relatifs à notre propre histoire, notre propre milieu et notre propre sensibilité. Seule une thérapie analytique pourra mettre en évidence de façon précise les possibilités et les limites de notre Moi social.

11. L'individu (in-divisible), c'est l'être humain face à la multitude, c'est l'unité de groupe.

12. La personne est l'être humain face à un groupe social et culturel donné.

Les relations interindividuelles ne nous posent généralement pas de problème particulier : c'est le type même de la relation symbiotique mère/enfant. Les relations interpersonnelles, en revanche, en posent davantage car nous n'avons plus affaire à une seule et unique personne, mais à plusieurs simultanément.

Le succès ou l'échec d'une tentative relationnelle dépendent de l'**évaluation** correcte ou incorrecte que nous aurons faite de la situation se présentant à nous. Ainsi, si nous souhaitons établir une relation interindividuelle avec une personne recherchant le même type de relation, il y a tout lieu dc penser que celle-ci pourra s'instaurer sans problème.

A l'inverse, si nous désirons instaurer une relation interindividuelle avec une personne favorisant les relations interpersonnelles, nous nous sentirons frustré de ne pas jouir du statut constant et définitif du « meilleur ami » ou de la « meilleure amie » et assimilerons ce partage nécessaire de l'Autre avec les « autres » à un rejet pur et simple. En d'autres mots, cela revient à dire : « *Si tu ne m'aimes pas exclusivement, c'est que tu ne m'aimes pas du tout.* »

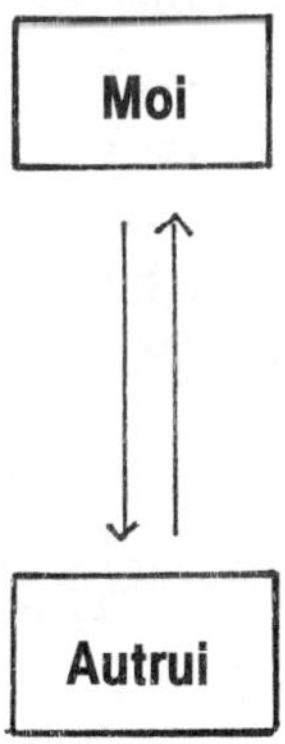

1. Avec une personne recherchant le même type de relation.

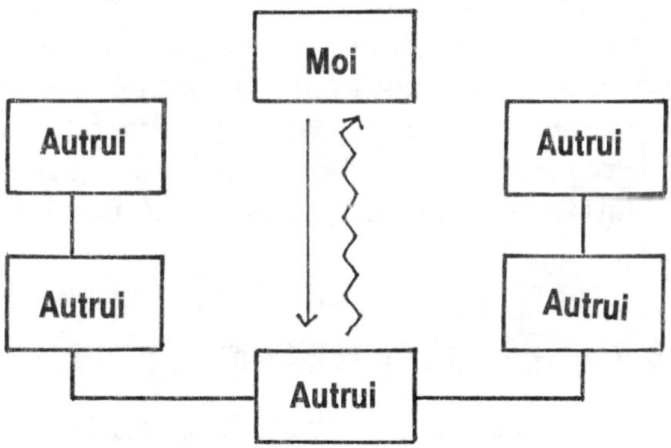

2. Avec une personne favorisant les relations interpersonnelles.

Il convient d'ajouter que, sur ce sentiment de « rejet », viennent se greffer une multitude d'attitudes relationnelles négatives (désir de gâterie, sentiment de supériorité ou d'infériorité, besoin de rivalité, etc.) qui agissent comme un frein et nous handicapent dans notre expansion sociale.

d) De l'individu à la personne

Il est vrai que les relations interindividuelles sont indispensables à l'enfant dans sa première découverte d' « autrui », mais il est tout aussi vrai qu'elles s'avèrent insuffisantes dans notre vie d'adulte.

La vie en société exige de nous que nous soyons non seulement des « individus » mais aussi des « personnes » capables d'appréhender une réalité interpersonnelle nous permettant de trouver notre juste place dans la communauté des hommes.

Si nous ne dépassons pas notre position d'individu, si nous ne développons pas ce qu'il est convenu d'appeler notre *sentiment social* (13), nous nous cantonnerons dans un type de rapports restrictivement dualiste et symbiotique et ne serons pas en mesure de répondre à l'exigence plurisociale que pose la société à l'homme. Si, au contraire, nous apprenons à développer notre capacité relationnelle interpersonnelle, nous attacherons moins d'importance à la relation interindividuelle et notre malaise relationnel diminuera d'autant sans que la qualité de relation, elle, s'en trouve dégradée.

e) Une qualité de relation

La réussite ou l'échec d'une relation dépend avant tout de la position première que nous adoptons face à autrui : à nous de voir quelle qualité de relation nous souhaitons instaurer et avec quelle

13. L'expression « sentiment social » nous a été donnée par un grand psychanalyste du nom d'Alfred Adler.

personne ; si nous parlons son langage relationnel, nous pourrons nous faire comprendre d'elle ; si, à l'opposé, nous parlons un langage interindividuel tandis que notre interlocuteur, lui, parle un langage interpersonnel, la communication ne pourra pas s'instaurer correctement et la relation échouera.

Lorsque nous désirons entrer en relation avec autrui, nous devons donc commencer par établir le type de relation (exclusive ou de groupe) vers lequel nous-même tendons, et le type de personne auquel nous avons affaire (quels sont ses propres besoins relationnels, ses possibilités et surtout, ses limites ?).

Précisons un dernier point : il est un type d'individus donnant l'impression d'une extrême sociabilité, bien qu'il en soit loin : il s'agit du « papillonneur ». Contrairement à ce que nous pourrions penser, le papillonneur n'est pas plus « relationnel » que l'interindividualiste ; il est simplement un « consommateur » d'autrui. En multipliant ses relations, il évite de rencontrer les autres dans une expérience sociale correcte.

A l'instar de l'individualiste symbiotique, le papillonneur doit apprendre à modifier sa perception des autres afin d'établir avec eux une relation sociale authentique, une relation de « *moi parmi les autres* » avec « *toi parmi les autres* ».

Lorsque nous désirons entrer en relation avec autrui, nous devons déterminer :
— Le type de relation (exclusive ou de groupe).
— Le type de personne auquel nous avons affaire.

7. Personnalité et névrose

La névrose est un conditionnement.

Dans notre ouvrage *Vivre sa vie* (Dangles, 1988), nous affirmions que vivant dans une société névrotique, basée sur l'agressivité, la rivalité, le désir de puissance, l'oppression, le racisme, etc., nous ne pouvions nous-même être exempt de névroses. Nous voudrions aujourd'hui réexaminer ce thème et tenter de faire le lien entre la névrose et la personnalité.

a) L'homme préhistorique était-il névrosé ?

Les livres traitant du début de l'humanité restent toujours très vagues lorsqu'il s'agit du développement de l'être humain. Il est vrai qu'on ne peut émettre aucune affirmation précise sur ce qu'a été notre préhistoire. Généralement, les ouvrages spécialisés ne parlent des « primates » ou des « hominiens » qu'en termes de « biocénose » (communauté d'êtres interdépendants), d'embryons d'organisation sociale ou de sociétés préhistoriques. Mais il est un

Quelle a bien pu être la réaction de l'homme préhistorique lorsqu'il a découvert qu'il n'était pas seul au monde ?...

fait : il n'y est quasiment jamais question de l'homme seul face à lui-même.

Pourtant, ne serait-il pas intéressant d'imaginer un « scénario préhistorique » qui envisagerait, non l'histoire du développement de la race humaine entière (à partir de l'*homo habilis* en Éthiopie, au Kenya ou en Tanzanie il y a quelque deux millions deux cent mille ans) mais, plus trivialement, l'histoire de celui qui, un jour peut-être, s'est cru pendant un certain temps le seul *homo erectus* de la terre ?

Personnellement, lorsque je réfléchis au problème de la névrose, une question qu'il m'amuse de poser est : « *Quelle a bien pu être la réaction psychologique de l'homme préhistorique* (14) *lorsqu'il a découvert qu'il n'était pas seul au monde, mais que d'autres hommes comme lui existaient ?* »

A partir de cette question, d'autres questions jaillissent en cascade ; par exemple : *A-t-il été heureux ? S'est-il immédiatement solidarisé avec lui ?* ou : *Sa découverte d'un autre être humain l'a-t-elle amené à s'inférioriser et à s'inféoder à lui ? S'est-il soudain senti en désaccord avec lui-même ? Cela a-t-il engendré chez lui des conflits internes ? N'ayant pas été en mesure de les résoudre, s'est-il vu contraint de les exprimer autrement ? Par la névrose, par exemple ?*

Ces questions peuvent sembler totalement dénuées de sens quand on imagine combien primitifs, instinctifs et sauvages ont dû être nos *homo erectus*. Mais pouvons-nous être absolument certains qu'ils n'éprouvaient aucun état d'âme ?

Quoi qu'il en ait été de l'*homo erectus* ou de son frère l'*homo sapiens*, nous restons persuadé que c'est de la rencontre de l'homme avec les autres hommes qu'est née la névrose. Car le fait est indiscutable : on ne devient pas névrosé tout seul ; **pour être névrosé, il faut au moins être deux !**

---

14. Cela est bien sûr une boutade. Le premier homme préhistorique n'a pas existé en tant que tel. La race des hommes n'a certainement pas commencé par un premier homme suivit d'un deuxième, puis d'un troisième...

b) Névrose et société

A notre avis, la névrose n'est pas au départ un phénomène intrinsèquement humain ; elle est un phénomène de société. Expliquons-nous.

Pour vivre en société, l'homme doit amputer une grande partie de sa personnalité naturelle car ses besoins primordiaux ne correspondent pas à ceux de la société dans laquelle il vit. Mais, répétons-le, il n'a de toute manière pas le choix. Dès qu'il y a organisation sociale ou société, des névroses se créent qui agissent et transforment la personnalité de l'homme. La société exerce une pression sur lui et le conduit à se comporter en être névrosé.

Toute société, toute éducation engendre inévitablement la névrose. C'est un chemin par lequel nous sommes tous obligés de passer.

Ce phénomène n'est pas unilatéral : l'être névrosé projette également sur la société des schémas subjectifs qui n'appartiennent qu'à lui et participe ainsi lui-même à l'évolution de la névrose de société. La névrose doit donc être considérée comme une sorte de « niveau de conscience de la réalité sociale ». Elle est à la fois une concession de personnalité que l'homme consent à la société et une lutte pour préserver ladite personnalité face au danger d'assimilation qui le guette. A ce titre, la névrose est une sorte de mécanisme naturel de défense, une « manifestation » (au véritable sens du terme) indiquant à l'homme qu'il est en train de s'éloigner de son « axe essentiel ».

Notons enfin que la croyance religieuse n'est souvent pas étrangère au phénomène de la névrose. En effet, on peut considérer que la névrose s'est encore plus fortement ancrée dans l'homme lorsqu'il a ressenti le besoin de trouver une réponse à lui-même en dehors de lui-même et qu'il a commencé à adorer les idoles.

Il ne faudrait pas croire que les idoles appartiennent au passé. Aujourd'hui encore nous adorons, souvent à notre insu, les idoles modernes que sont l'argent, la possession, le paraître, la puissance, l'autorité, etc.

c) La névrose dans la société d'aujourd'hui

Comment à notre époque la névrose nous investit-elle ? Il faut savoir qu'elle commence dès le plus jeune âge, lorsque l'enfant s'aperçoit qu'il ne peut pas obtenir tout ce qu'il voudrait et qu'il se voit obligé de se plier aux règles de la vie en communauté, c'est-à-dire faire face à l'éducation (en général) et aux interdits (en particulier). A ce stade, des refoulements se mettent en place, mais il s'agit de mécanismes malgré tout indispensables. Selon la façon dont l'enfant va vivre cette censure apportée par l'éducation, résultera un équilibre ou un déséquilibre de son système de valeurs.

La névrose consiste en un déséquilibre intervenant dans notre système de valeurs face à autrui et à nous-même.

On appelle « système de valeurs » l'évaluation correcte des *valeurs authentiques* par opposition aux *pseudo-valeurs* et aux *non-valeurs*. Peuvent être considérées comme des « valeurs authentiques » toutes les valeurs humaines allant dans le sens du progrès de l'humanité, de l'amélioration des conditions d'existence de l'homme, de sa meilleure compréhension de lui-même et des autres. L'effort constant et vigilant visant à nous maintenir dans un monde de valeurs correct prend aussi parfois le nom d'*éthique de vie*.

Le travail d'élimination de la névrose consiste en l'apprentissage de ce qui convient et de ce qui ne convient pas en tant que valeurs à l'homme que nous sommes. Dès lors que nous nous appliquons à développer un monde de valeurs cohérent, authentique, humain, tenant à la fois compte du « principe de réalité » et de notre « principe de plaisir », cette éthique de vie devient un véritable langage auprès duquel le langage de la névrose fait figure de vulgaire balbutiement ou de charabia incompréhensible.

Une dernière question qu'il importe de poser est : « *Choisissons-nous nos névroses ?* » A notre avis, oui. Mais il s'agit d'un processus essentiellement inconscient. Nous les choisissons en fonction du « style de vie » que nous adoptons, celui-ci étant lui-même fonction des divers paramètres qui jalonnent notre univers : société, culture, éducation, famille, école, etc.

Retenons que même si la névrose reste à la base de la plupart de nos faits, gestes et pensées, elle ne saurait être considérée comme un état normal ; c'est elle qui conduit à la dégradation des relations humaines, à l'agressivité, aux conflits, à la guerre.

Le but idéal reste de supprimer la névrose et de la remplacer par un monde de valeurs tenant compte de notre personne, de nos désirs, de nos goûts, de nos priorités, en même temps que de tous ceux d'autrui.

8. Dynamique de la personnalité

Quand on ne comprend pas la personnalité de quelqu'un, on fait son jeu.

a) Sentiment d'identité et personnalité

Le monde d'émotion que nous constituons au travers de nos expériences vitales a une influence décisive sur notre perception du monde et donne une certaine *coloration* à notre « sentiment d'identité ». C'est de ce sentiment d'identité que va dépendre notre capacité à libérer notre personnalité.

Notre identité, nous l'avons dit, est une trame complexe regroupant de nombreux éléments inconscients. Seule une infime partie de notre identité relève de notre perception consciente et donc de notre contrôle.

Nous avons vu jusqu'à présent que nous avions tous une identité, que celle-ci était formée de multiples facettes, qu'elle nous servait à nous reconnaître les uns les autres dans notre spécificité et que c'était à partir de notre identité que se développait notre personnalité. Nous allons montrer maintenant que notre personnalité n'est pas une donnée statique mais **dynamique**.

Pour bien saisir ce mécanisme, il faut comprendre que certains faits, certaines situations, certains facteurs ne sont pas purement indépendants et autonomes : leur existence dépend d'autres faits, d'autres situations, d'autres facteurs auxquels ils sont impérativement liés.

Ainsi, en considérant les choses de ce point de vue, nous pourrions affirmer sans risque de nous tromper que si la mer n'existait pas, la plage n'existerait pas non plus. De même, il est aisé de comprendre que si les bateaux n'existaient pas, les ports n'auraient pas lieu d'être.

Même chose pour notre identité : si nous n'avions pas besoin de vivre avec les autres, de les rencontrer, de nous solidariser avec eux, de les aimer... nous n'aurions besoin d'aucune identité. Ce n'est cependant pas le cas. La vie en société est une dimension fondamentale à laquelle nous ne pouvons ni déroger ni échapper. Disons, pour reprendre l'image que nous venons de donner, qu'autrui constitue *la mer* qui rend *la plage* que nous sommes indispensable.

De même que la plage marque une limite naturelle et mouvante de la mer, de même notre personnalité représente un rivage auquel les autres doivent pouvoir accoster librement. Chacun de nous est un rivage à sa manière : certains d'entre nous s'identifieront à une plage de sable fin, d'autres à une plage de galets, d'autres encore à une barre de rochers, d'autres enfin préféreront s'identifier à des récifs sur lesquels les vagues ne pourront que venir éclater.

b) L'environnement sensible

Rappelons-nous : notre *rivage* est notre première « carte de visite », celle qui restera le plus profondément gravée dans la mémoire de nos interlocuteurs. De la nature du rivage que nous leur offrirons dépendra la façon dont ils nous aborderont, nous considéreront et nous traiteront.

Nos attitudes et nos comportements constituent l'*environnement sensible* du rivage auquel les autres accostent. Il est certain que le caractère accueillant ou décourageant de celui-ci trouvera

Notre personnalité est un rivage auquel les autres doivent pouvoir accoster librement.

en autrui un écho (positif ou négatif) qui se répercutera dans tous les domaines importants de notre vie : domaines relationnel, professionnel, amoureux.

9. Identité, personnalité et événement

On peut agir sur les événements...

a) Créer l'événement

Pour la compréhension de nos problèmes d'identité et de personnalité, il importe maintenant de nous pencher sur la notion d'*événement*. Nous savons tous, bien sûr, ce que représente un événement ; mais ce que nous savons moins, c'est le rôle essentiel qu'il joue dans notre vie. Pourtant, sa contribution à la dynamique de notre personnalité est fondamentale. Si nous en saisissions la merveilleuse mécanique et savions en utiliser tous les rouages sensibles, nous pourrions constater que la capacité de « créer » l'événement représente l'une des pièces maîtresses de l'ossature de notre personnalité.

Il est curieux de constater que la vie de certaines personnes regorge d'événements tandis que celle d'autres semble enlisée dans un désert immuable. Est-ce à dire que la vie « donne » aux uns ce qu'elle refuse aux autres ? Nous ne pensons pas qu'il en aille ainsi. Il paraît plus vraisemblable de penser que **c'est nous-même** (et non la fatalité) **qui créons les événements de notre vie**. Examinons donc les types de situation qui engendrent l' « événement » et voyons comment nous pouvons le provoquer.

Toutes les circonstances de la vie peuvent se transformer en événement dans la mesure où il y a mouvement. Il suffit qu'ait lieu la rencontre de deux êtres, de deux forces, de deux courants

Créons l'événement, quittons notre piédestal de solitude et allons vers les autres pour dialoguer, échanger...

pour que l'événement prenne forme. N'importe qui devrait donc pouvoir le provoquer et pourtant ce n'est pas le cas. Qu'est-ce donc qui fait parfois se tarir notre « source d'événements » ?

Lorsque nous souffrons de forts sentiments d'infériorité, ceux-ci nous conduisent à nous replier sur nous-même. Nous adoptons alors une position d'attente et prenons l'habitude de ne plus nous exprimer qu'à « coup sûr ». L'ennui est que les « coups sûrs » sont rares, si rares que cette politique (qui recouvre souvent une bonne dose d'orgueil) nous conduit à rester inactif et silencieux dans la plupart des circonstances de la vie, ce qui a pour effet de nous « couper » des événements du quotidien.

Pour remédier à cet état, la première chose que nous allons devoir faire est d'apprendre à renoncer au filtre de l'infériorité *(« Je ne suis pas plus bête que les autres »)* et à ne plus censurer ou dénigrer systématiquement les idées, les désirs et les exigences se trouvant enfouis en nous *(« On ne peut pas toujours être génial »)*.

b) Allons vers les autres

Nous pouvons « créer » l'événement à chaque moment de notre vie. Pour ce faire, il nous faut accepter de quitter notre piédestal de solitude et de silence et aller vers les autres, les rencontrer, dialoguer, échanger, communiquer, discuter. Efforçons-nous d'accepter des responsabilités, aussi minimes soient-elles, chaque fois que l'occasion s'en présente. N'oublions pas : c'est par le heurt de notre identité avec la multitude des situations de la vie que nous alimentons notre réservoir d'événements.

Attention ! ne tombons cependant pas dans l'attitude un peu lâche consistant à entretenir une atmosphère de conflits et de disputes pour alimenter notre source d'événements. De même, laissons de côté la rumeur et la médisance : ces travers ne produiraient que des événements factices, des caricatures d'événements sans éclat. Utilisons toutes les ressources du dialogue, de l'échange, de la coopération pour créer des « événements positifs et constructifs » qui, seuls, nous procureront un fort sentiment de vie et renforceront notre identité face à autrui.

Lorsque nous aurons récupéré ou développé notre faculté de « créer les événements », nous constaterons que même ceux n'entrant pas dans notre environnement immédiat et n'ayant aucun rapport direct avec nous nous interpelleront. En apprenant à nous sensibiliser à tous les événements entrant dans notre champ visuel, sensitif et émotionnel, nous acquerrons progressivement une perception non plus « haut/bas », mais « englobante » du monde, ce qui nous permettra de participer de plus près à la magnifique aventure de l'humanité.

10. Comportements et personnalité

Nos comportements sont les haut-parleurs de notre vie intérieure.

a) Psychologie du comportement

Depuis l'extraordinaire percée effectuée par Sigmund Freud dans le domaine de l'investigation de l'âme humaine, de nombreuses écoles psychologiques et psychanalytiques ont vu le jour. Chacune d'elles a apporté une contribution (aussi minime soit-elle) à la compréhension de la psychologie et il serait regrettable de négliger ces études au nom d'une sacro-sainte orthodoxie (freudienne, jungienne, lacanienne...).

Sans tomber dans un excès d'éclectisme, il nous semble judicieux, chaque fois que possible, de prendre connaissance des travaux de recherche de ces écoles et d'examiner dans quelle mesure ils peuvent nous aider à mieux comprendre, mieux maîtriser et donc mieux résoudre les problèmes de l'homme d'aujourd'hui.

Parmi les nombreuses écoles psychologiques et psychanalytiques, il en est une qui porte le nom de *psychologie comportementaliste* (les Anglo-Saxons disent *behavioriste*). De quoi s'agit-il exactement ?

La psychologie comportementaliste pense que certains problèmes et certains troubles psychiques proviennent de comportements erronés que nous adoptons dans notre vie quotidienne et estime que, plutôt que d'aller fouiller dans le « marécage de notre inconscient », il vaut mieux s'attaquer directement au comportement erroné et tenter d'y porter remède en le remplaçant par un autre comportement plus approprié et donc moins névrotique (15).

b) Nos comportements et nos attitudes ont toujours une origine

Il nous arrive souvent d'adopter tel comportement ou telle attitude face à une situation donnée et de regretter par la suite de n'avoir pas agi autrement. Par exemple, nous excuser d'une faute que nous n'avons pas commise, défendre un point de vue que nous savons nous-même « irrecevable », agresser une personne que nous courtisons... Dans ces situations, nous nous donnons l'impression de n'être pas maître de nos réactions et avons le sentiment que notre attitude est dictée par quelque chose de plus fort que nous. Est-ce à dire qu'une instance supérieure les dirige ?

Nous ne le pensons pas. Nos comportements ne proviennent pas de nulle part ; aucune main céleste ne les dirige. Dans nos comportements, nous réagissons à des situations et à des événements engendrés par notre environnement et par nous-même. Ce sont des « réponses » personnelles aux pressions que nous subissons tour à tour dans les domaines ethnique, familial, scolaire, religieux, social et professionnel. De la qualité des réponses données dépendra notre comportement dans la vie et, par voie de conséquence, l'évolution de notre personnalité.

Nos comportements sont la recherche d'une solution entre nos besoins intérieurs (conscients et inconscients) et les contingences

15. Il est vrai que si cette technique peut apporter un remède à nombre de troubles du comportement, il est d'autres troubles psychiques enfouis profondément dans notre inconscient pour lesquels seule une psychothérapie analytique s'avérera salvatrice.

extérieures (vie en société, éducation, morale...) ; ils sont notre façon spécifique de nous conduire dans la vie. Ils confirment ou infirment de façon visible la force de notre Moi. Ils sont une « manière d'être » face à une situation, à une personne ou à un groupe, une lecture subtile et différenciée de ce qui émane, transparaît de notre intériorité.

Nos comportements sont les relais porteurs, les conducteurs et les transmetteurs de notre identité et de notre originalité et, par-delà, de notre personnalité tout entière.

c) Entre le « plus » et le « trop »

Toutes les grandes options humaines trouvent leur destinée dans l'étroite et fragile marge se situant entre le « plus » et le « trop ». L'adage « *Qui trop embrasse, mal étreint* » en est un parfait exemple. Chaque fois que nous nous dirigeons vers le plus, nous évoluons ; chaque fois que nous nous dirigeons vers le trop, nous régressons.

Nous avons tous pu constater combien il est difficile, lorsque nous souhaitons apporter un changement à notre vie, de trouver immédiatement le « juste milieu ». Cela tient au fait que les « jeunes efforts » que nous déployons pour une entreprise nouvelle nous portent systématiquement vers l'excès. Comme nos comportements excessifs ne s'avèrent généralement pas plus payants que ceux dont nous voulons nous débarrasser, le découragement a tôt fait de s'emparer de nous et nous nous retrouvons à la « case départ ». Cela correspond à la situation type de ce que nous appelons les « bonnes intentions ». Examinons-en le mécanisme.

Dans notre envie de bien faire, nous nous engageons sincèrement à fond, mais l'effort que nous fournissons est trop brusque, trop indifférencié, trop extrême. Nous ne tenons pas compte du frein que représentent nos résistances psychiques, nos automatismes d'opposition, nos craintes inconscientes d'accéder à une expérience inhabituelle pour nous. C'est pourquoi les bonnes intentions restent le plus souvent « sans lendemain ».

Il est cependant tout à fait possible d'apporter un changement durable à l'un ou l'autre de nos comportements, mais il nous faut adopter une autre politique, plus lente, plus progressive et surtout plus déterminée.

Pour remédier à un comportement qui nous excède, apprenons d'abord à l'accepter provisoirement, efforçons-nous ensuite de le cerner de façon précise, analysons-le avec soin, interrogeons-nous sur la raison pour laquelle nous l'avons si longtemps « traîné » derrière nous, tentons d'en découvrir le « bénéfice névrotique » qu'il sous-tend, employons-nous par ailleurs à dégager une nouvelle politique que nous ferons progressivement succéder à la première.

N'oublions pas que nos comportements erronés ont eux aussi leur raison d'être. S'ils sont en nous, c'est qu'ils correspondent à un besoin intérieur actuel, à une nécessité psychique inconsciente. Ce n'est que dans une perspective d'évolution d'ensemble de notre personnalité que leur raison d'être deviendra superflue et que leur inutilité apparaîtra.

Tout changement nécessite un temps d'apprentissage. On ne change pas en un jour ce qu'on a mis vingt ans à construire. Ce n'est que progressivement que nous parviendrons à trouver la juste mesure entre l'insuffisance et l'excès, que nous réussirons à tempérer, à « moduler » nos efforts.

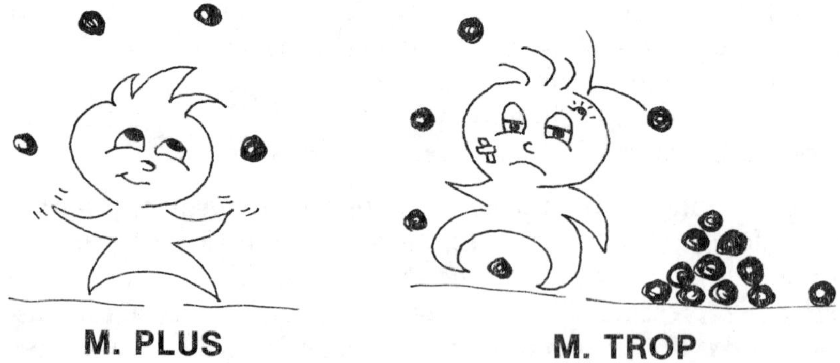

Chaque fois que nous nous dirigeons vers le « plus » nous évoluons ; chaque fois que nous nous dirigeons vers le « trop » nous régressons.

DEUXIÈME PARTIE

Ce qui infirme notre personnalité

11. Le boudeur : un négatif passif

Ce n'est pas la mauvaise humeur qui est grave, c'est la boule de neige qui suit.

Parmi les « gentils », on rencontre le type du boudeur. En fait, le boudeur est un faux gentil ou, si l'on préfère, un gentil faute de moyens d'être un méchant. Il se rapproche beaucoup du colérique en ce sens qu'il ne se sent pas capable d'avoir recours au dialogue, à la discussion et à la confrontation pour arriver à faire passer ce qu'il veut. Il vit généralement les actions et les comportements des autres comme de véritables crimes de lèse-majesté. C'est pourquoi sa bouderie doit être considérée comme une des expressions de son orgueil meurtri (1).

La bouderie est le moyen d'expression privilégié de celui dont ni la parole (négociation), ni le geste (violence physique) ne sont le langage. Ne se sentant pas les moyens d'exercer une pression physique sur les autres, le boudeur claque la porte « vers l'intérieur » lorsqu'il ne se sent pas de taille à affronter son interlocuteur, ou encore lorsqu'il se sent pris en faute, en état de faiblesse, meurtri dans son amour-propre ou injustement traité.

Il se retire dans son immigration intérieure, ne donnant plus à contempler que son enveloppe charnelle, expression muette mais, ô combien parlante de sa souffrance et de son sentiment d'injustice et d'incompréhension à son égard !

1. Dans notre pratique psychothérapique, nous avons souvent pu constater que le boudeur et le colérique étaient des caractères souffrant fréquemment d'insomnies et avons été amené à penser que l'insomnie pouvait être l'expression de « crises » d'orgueil refoulé.

Lorsqu'il ne se sent pas de taille à affronter son interlocuteur, le *boudeur* claque la porte...

Que se passe-t-il dans la tête du boudeur lorsqu'il fait une « crise de bouderie » ? Mille idées bouillonnent dans son esprit. Il échafaude des plans, des traquenards, des pièges, des vengeances, des représailles et pratique une véritable escalade d'idées noires dans lesquelles le sadisme et la cruauté occupent rarement la dernière place. Son désir d'assouvir son hostilité monte en épingle et le « gonfle » jusqu'à ce que cet échafaudage de pensées noires arrive à son paroxysme et éclate comme un ballon de baudruche. Dans cette escalade, le rêve et la chimère ont pris de telles proportions que leur traduction dans la réalité devient totalement impraticable, ce qui oblige le boudeur à reprendre pied sur terre et à revenir à la réalité.

Le boudeur est le premier à souffrir de sa bouderie ; il en souffre à double titre : d'une part parce qu'il s'exclut lui-même du groupe, d'autre part parce qu'il va devoir surmonter de nouveau son orgueil et faire preuve d'humilité pour rétablir le dialogue avec son interlocuteur.

Sachons que la bouderie est un système de communication erroné. Si nous faisons partie de la race des boudeurs, efforçons-nous de nous défaire de ce type de comportement et apprenons à exprimer plus directement et plus simplement ce que nous voulons et ce que nous ressentons.

12. Le têtu : opposant et réducteur d'autrui

Ça n'est pas que je veuille avoir, je veux qu'il n'ait pas.

Parmi les traits infirmant notre personnalité, l'entêtement ne figure certainement pas en fin de convoi. Voyons comment il prend naissance en nous et s'inscrit dans notre vie quotidienne.

a) D'où provient l'entêtement ?

Dans notre prime enfance, lorsque nous découvrons la richesse et la diversité du monde, nous développons des velléités d'explorateur et éveillons une « volonté propre ». Nos parents, qui ne l'entendent évidemment pas de cette oreille, s'appliquent à corriger ces tendances velléitaires en nous assujettissant à un certain nombre d'obligations et d'interdits.

C'est dans le heurt naturel et affectueux de notre obstination avec celle de nos parents (ou de nos éducateurs) que va se développer notre volonté. Généralement, s'ils parviennent à trouver un moyen terme entre « main de fer » et « gant de velours », tout se passe bien. A l'inverse, s'ils adoptent une politique inflexible, rigide, autoritaire, notre volonté naturelle tourne à l'obsession tenace et obstinée, ce qui a pour conséquence de bloquer la libre expression de nos désirs les plus élémentaires et d'inhiber notre monde de sentiments. Nos désirs ne rencontrant aucune compréhension ni nos sentiments aucun écho, les uns et les autres finissent par former un amalgame défensif indifférencié, terreau tout à fait propice à notre futur entêtement. Si rien ne vient corriger cette tendance obsessionnelle, elle se développe et continue de nous poursuivre à l'âge adulte.

b) Psychologie de l'entêtement

A l'instar du boudeur, le têtu est un gentil faute de moyens d'être un méchant. Il n'agresse pas ouvertement les autres, mais cherche à mettre leur éventuelle supériorité en échec. Son attitude vitale d'ensemble n'est pas offensive, mais défensive.

Le têtu souffre de sentiments d'infériorité. Il a tendance à vivre la rencontre avec les autres comme une menace pour son intégrité. Il évolue principalement sur des champs de bataille secondaires car il ne se sent pas capable de rencontrer les autres sur les champs de bataille principaux. Ne voulant pas être en reste avec eux, il a pour préoccupation première de faire valoir son point de vue sur toute chose et en toute circonstance. Cela l'amène à prendre des positions souvent excessives et disproportionnées pour des futilités, alors que dans le même temps il néglige des situations vitales autrement plus importantes.

Paradoxalement, le têtu exprime son sentiment d'infériorité par des attitudes de supériorité. Il ne s'interroge pas, il sait tout mieux que les autres et met systématiquement en doute tout ce qui lui est exprimé. C'est un méfiant.

Le têtu souffre d'un excessif besoin d'égalitarisme *(« J'ai peut-être tort, mais il n'est pas dit que vous ayez raison »)*. Il est d'un naturel inquiet. Si la situation tourne à l'avantage de son interlocuteur, il se sent incompris et dévalorisé.

*
* *

La pierre d'achoppement du têtu réside dans son incapacité à coopérer et à exprimer verbalement ses conflits. Il se cache derrière les divergences de points de vue pour régler ses comptes. Il est autoritaire, revêche et personnaliste. C'est le roi du « *Moi je* ».

S'il veut évoluer vers une vie plus sereine et plus épanouie, le têtu doit comprendre que son attitude n'est qu'un ersatz d'affirmation de soi qui ne saurait lui tenir lieu de personnalité.

Pour découvrir sa véritable personnalité, il aura profit à abandonner ce lien névrotique qui le rattache à une enfance autoritaire et inflexible, certes, mais aujourd'hui périmée et surannée. Il lui faudra apprendre (ou réapprendre) à coopérer avec les autres, à les écouter sans se sentir menacé par eux.

13. Gâterie et personnalité

Ambitionner le statut d'adulte.

a) Un véritable fléau

La gâterie (besoin de gâter autant que d'être gâté) est l'un des comportements humains les plus courants et les plus répandus. Pourtant, si nous savions combien cette attitude complaisante vis-à-vis de nous-même et d'autrui comporte de dangers et de pièges pour notre personnalité, il est probable que nous y renoncerions au plus vite. Un livre entier ne suffirait pas à analyser les mécanismes de la gâterie et leur répercussion sur notre vie psychique. Nous nous contenterons ici de jeter un « œil d'oiseau » sur ce qu'il est convenu, malgré tout, d'appeler un véritable fléau.

Comment la gâterie apparaît-elle et se développe-t-elle dans notre vie ?

Nous savons que durant la grossesse, l'enfant vit en pleine symbiose dans le ventre de la mère. Pendant neuf mois, il est porté, préservé, nourri et « entretenu » dans une relation privilégiée et rassurante jusqu'à sa naissance. L'accouchement constitue de ce fait une rupture de l'enfant avec son premier milieu naturel : de *dans la mère*, il passe *à côté* d'elle. Heureusement, les soins attentionnés et tendres qu'elle lui prodigue avec amour ont tôt fait de lui faire oublier cette pénible mais nécessaire rupture.

Pendant les premières années, les parents et la famille entourent l'enfant de toute leur affection et cherchent à lui faciliter la vie au maximum en lui épargnant toutes les difficultés. Tout est fait pour lui plaire, pour qu'il se sente bien, pour qu'il soit content, bref, on le gâte autant qu'on peut.

Lorsque l'enfant grandit et commence à devenir plus autonome, les parents s'efforcent généralement de réduire cet « excès » de soins et d'attention qu'ils portent à l'enfant et normalisent leur relation avec lui. Si, pour une raison ou une autre (2) ce « travail de détachement » ne se réalise pas, la situation de gâterie (3), au lieu de s'estomper au profit d'une insertion sociale plus appropriée aux futurs besoins de l'enfant, se perpétue, s'accentue au fil des ans et finit par former un véritable style de vie qui le poursuivra sa vie entière.

b) Psychologie de la gâterie

D'un point de vue psychologique, la gâterie trouve son terrain de prédilection dans les relations de type symbiotique. Elle se base sur une situation de chantage à l'amour ; de la relation de départ : « *Tu me gâtes, donc je t'aime* », l'on en arrive progressivement à la formulation conditionnelle : « *Si tu me gâtes, je t'aimerai.* » L'amour « subjectif » de la mère (du père, de l'éducateur...) devient l'enjeu de ce chantage et se trouve aliéné au profit d'une gâterie s'orientant vers l' « objet ».

L'attitude d'enfant gâté est une attitude essentiellement réactive basée sur la satisfaction éphémère du « vouloir avoir » (avoir de l'amour, de l'attention, des privilèges...).

2. Soit qu'il s'agisse d'un enfant unique, soit que la mère, le père, l'éducateur... s'investissent eux-mêmes de façon excessive dans une relation par trop symbiotique avec l'enfant.

3. Rappelons qu'il existe deux manières de gâter un enfant : soit en le prenant en charge exagérément *(« Va jouer dans le jardin, maman va faire ton lit »)*, soit en ne lui permettant pas de réaliser ses expériences *(« Tu n'es qu'un imbécile, ton lit n'est pas fait, sors d'ici que je le fasse ! »)*.

Nous payons la gâterie de notre autonomie et de notre indépendance.

Il ne faudrait pas croire que la gâterie ne touche que les enfants. En fait, nous sommes tous concernés :

— soit que nous ayons été gâté dans l'enfance et que nous souhaitions voir cet état se perpétuer dans notre vie ;

— soit, au contraire, que nous ne l'ayons pas été et que nous cherchions à remédier à cette absence.

La quête de gâterie à l'âge adulte correspond à la recherche d'une situation permettant à l'individu de rester enfant. Ajoutons que lorsqu'une personne gâte son entourage, elle a tendance à attendre d'eux la même attitude en retour et se sentira frustrée, incomprise, voire « exploitée » si tel n'est pas le cas.

Les privilèges afférents à la gâterie nous procurent certes un sentiment d'importance mais ce ne sont, en fait, que des mirages de personnalité. Sachons que nous payons la gâterie de notre indépendance et de notre autonomie. Loin de nous renforcer dans notre personnalité, cette attitude erronée diminue nos chances d'épanouissement, nous asservit au « bon vouloir gâter » des autres et nous rend dépendant d'eux.

Pour changer véritablement et accéder au statut d'adulte, débarrassons-nous au plus vite de ce fléau !

14. Autorité et hiérarchie

L'intérêt, dans un tableau, ce n'est pas « qui » l'a fait, mais ce qu'il inspire.

a) L'identité face à l'autorité et à la hiérarchie

La peur de l'autorité est une peur que nous avons tous, une fois au moins, connue dans notre vie. Mais nous sommes-nous jamais posé la question de savoir d'où elle provenait ?

Si nous en cherchions l'origine, nous constaterions que le « ver » de l'autorité s'est probablement introduit dans le « fruit » de la personnalité humaine le jour où un homme a commencé à penser que sa personne était plus importante que celle des autres, ou plutôt que celle des autres l'était moins que la sienne, situation dont il pouvait tirer une certaine puissance.

Qu'est-ce que l'autorité ? L'autorité est la puissance dont jouit une personne (physique ou morale) qui détient un pouvoir non partagé sur une situation, un événement ou un objet l'amenant à avoir un droit de regard — et donc un pouvoir — sur les autres.

Dans notre société occidentale, nous sommes tous avides de pouvoir, c'est pourquoi nous tendons à acquérir le plus de privilèges possible. Malheureusement, la peur de perdre ces privilèges si difficilement acquis nous conduit à accepter ceux des autres, même lorsqu'ils apparaissent totalement démesurés.

b) Comment s'instaure notre peur de l'autorité ?

Nous avons peur de l'autorité lorsque l'individu se cachant derrière celle-ci n'agit plus en tant que personne (personnalité ou individualité), mais se réfère et s'identifie à une instance dite « supérieure » plus floue, plus vague, plus abstraite. Cette instance est d'autant plus inquiétante qu'elle se manifeste généralement par des symboles (uniforme, blouse blanche...) ou par de simples rumeurs.

Ainsi, chez l'enfant, l'autorité supérieure peut être représentée par le marchand de sable, le Bon Dieu, ou le directeur d'école.

La peur de l'autorité est distillée en nous durant notre enfance par nos parents, nos éducateurs et nos censeurs lorsqu'ils tentent de nous inculquer le respect des valeurs en usage et la déférence aux autorités qui les représentent (le père et la mère pour la famille, l'instituteur ou le surveillant pour l'école, le prêtre pour l'Église, le docteur pour la science...). Toutes ces autorités « matent » progressivement l'enfant et le conduisent à adopter des comportements réflexes chaque fois qu'il se trouve confronté à une autorité.

Une fois adulte, si nous n'avons pas appris à nous affranchir de ces anciens « échafaudages » nécessaires à l'édification de notre personne sociale pendant l'enfance, nos comportements réflexes se déclenchent chaque fois que nous rencontrons une « autorité » et la crainte apparaît.

En fonction de quels critères acceptons-nous d'admettre une personne comme « autorité » ? Sont-ce ses privilèges qui en font une autorité ? Ou est-ce l'autorité émanant de sa compétence en un domaine ou un autre qui lui confère ses privilèges ?

Il convient d'établir une distinction entre la personne « faisant autorité » dans un certain domaine (science, recherche, art, littérature...) et qui se voit conférer à ce titre de lourdes responsabilités humaines, et la personne usant d'une situation d'influence ou d'un privilège n'ayant aucun rapport avec une compétence spécifique pour exercer sa puissance et son autorité sur autrui.

Souvenons-nous que l'autorité n'existe pas en tant que telle. Personne ne vient au monde en tant qu'autorité. Comprenons que pour qu'il y ait autorité, il faut qu'il y ait quelqu'un pour croire en cette autorité et l'accepter.

Reconnaissons l'autorité des personnes compétentes, engagées dans la vie pour le progrès social de l'humanité mais ne nous laissons pas abuser, duper par l'éclat factice des situations relevant visiblement du monde du paraître et de l'avoir.

Il est une autre forme d'autorité plus codée, plus abstraite, plus impalpable encore : il s'agit de la hiérarchie.

S'il nous fallait définir la notion de « hiérarchie », nous dirions qu'il s'agit de la mise en place d'un ordre de priorité au sein d'une multitude d'autorités permettant à chacune d'entre elles de déterminer les limites de sa compétence et de son pouvoir. Toutes les tracasseries administratives, si bien décrites, entre autres, par Kafka, en sont un parfait exemple.

Lorsque nous ne pouvons éviter de nous confronter à une hiérarchie quelconque, efforçons-nous de rester vigilant et de ne pas perdre notre bon sens. Trop souvent la hiérarchie prend figure d'un véritable labyrinthe dans le dédale duquel nous finissons par perdre le fil de notre identité.

Le lecteur, comme nous-même, n'ayant certainement que trop souvent l'occasion d'en faire les frais, il nous paraît inutile d'en dire ici davantage.

15. Le sentiment d'infériorité

Quand on se sent inférieur, c'est qu'on ne coopère pas.

a) Un cercle vicieux

L'un des drames les plus tragiques que rencontre notre personnalité est le sentiment d'infériorité. Ce sentiment semble si inhérent à l'homme qu'on peut se demander si ses racines ne plongent pas dans les racines mêmes de l'humanité.

Dans notre société occidentale, notre sentiment d'infériorité est essentiellement alimenté par la violence, l'agressivité, le désir de puissance, les rapports de force, de rivalité, de concurrence, de profit... Les autorités en place renforcent nos sentiments d'infériorité en tentant de nous intégrer le plus parfaitement possible au « système » afin de mieux asseoir leur puissance. En outre, notre appartenance au monde judéo-chrétien nous asservit à une morale essentiellement centrée sur le renoncement, l'abnégation, le sentiment de culpabilité et le repentir.

La symptomatologie du sentiment d'infériorité se caractérise avant tout par le désir quasi obsessionnel de paraître ce qu'on n'est pas.

La personnalité infériorisée tend à toujours se comparer aux autres, mais cette comparaison, au lieu de se répartir correctement, va systématiquement à son désavantage. Son style de vie est essentiellement négatif. Elle ne voit pas ses aptitudes mais regrette ses incapacités, ne perçoit pas ce qu'elle sait mais ne retient que son ignorance, ne jouit pas de ce qu'elle possède mais déplore ce qu'il lui manque. Tous ces aspects négatifs l'amènent à se persuader d'avoir moins de chance que les autres, d'être née sous une mauvaise étoile, ou d'être la victime d'une injustice divine. Un rien suffit

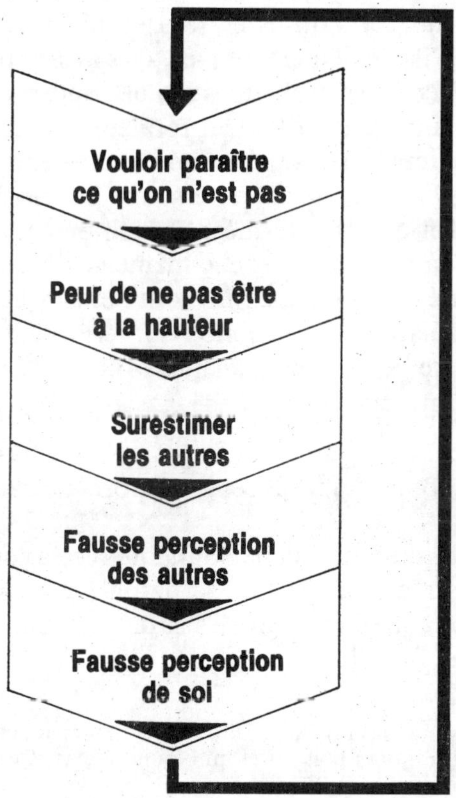

à la conforter dans cette position : une situation allant à son détriment, un événement ne produisant pas l'effet escompté, une personne s'avérant plus brillante qu'elle... Tout est prétexte à doute, inquiétude, amoindrissement, infériorisation.

Face à la conviction fortement ancrée en elle d'être « *moins bien* » que les autres, la personne infériorisée cherche à compenser cette carence par une formidable propension à paraître ce qu'elle n'est pas. Ce « désir de paraître » s'axe sur trois tendances :

— le besoin d'être aimé,
— la peur du rejet,
— la « crainte de ne pas être à la hauteur ».

Cela la conduit à une perception erronée des autres (en l'occurrence les voir plus forts qu'ils ne sont en réalité), à leur conférer des pouvoirs qu'ils ne détiennent pas, à les laisser prendre une certaine latitude face à des problèmes qui ne concernent qu'elle, bref à s'inféoder à une image d'autrui totalement fausse et irréelle.

Plus cette image de supériorité d'autrui enfle et prend de l'importance, plus l'image de la personne infériorisée s'amenuise et s'atrophie. En d'autres termes, plus sa perception d'autrui se déforme, plus sa perception d'elle-même se décale par rapport à sa propre réalité. Cela conduit inexorablement la personne infériorisée à compenser cette perception d'infériorité par une tendance accrue à paraître ce qu'elle n'est pas (4).

La personne infériorisée se heurte à deux obstacles essentiels :

— Le premier est qu'elle n'a pas appris à coopérer avec les autres. Elle ne connaît que les seuls rapports de gâterie ou de rivalité.

— Le second est que sa personnalité recèle souvent une forte dose d'orgueil ce qui la conduit, la plupart du temps, à éviter de se mesurer aux autres et à fuir les situations dans lesquelles elle pourrait ne pas faire le poids.

---

4. Nous constatons qu'il s'agit ici d'un cercle vicieux entraînant un sentiment d'infériorité toujours plus vif et un besoin de paraître toujours plus exacerbé.

b) Pour sortir de ce cercle vicieux

— Rétablissons une vision correcte de nous-même et des autres.

— Débarrassons-nous de tous les préjugés que nous colportons sur notre propre compte.

— Comprenons que le sentiment d'infériorité est un cercle vicieux engendrant toujours davantage d'infériorité.

— N'idéalisons ni les situations ni les gens (5).

— Ne plaçons plus systématiquement nos interlocuteurs sur un piédestal.

— Établissons avec eux des relations d'égal à égal.

— Renforçons en toute occasion notre capacité de coopération.

16. Violence, agressivité et combativité

On devient agressif lorsque les miroirs deviennent insupportables.

a) La violence

Toute chose sur terre prend naissance dans la rencontre et le « heurt ». Celui-ci engendre une certaine violence, émanation naturelle de la vie. La violence est un mouvement résultant du courant fort et impétueux des phénomènes naturels et humains et parfois aussi de leur rencontre. Elle naît du chaos qui s'ensuit de la confrontation de systèmes opposés.

La violence se rencontre dans tous les domaines vitaux de notre planète. Les tremblements de terre, les séismes et les tornades, les crues et les marées, les tempêtes, les orages et le tonnerre tradui-

5. Une telle exagération finit par engendrer l'angoisse.

sent la violence de ce que nous appelons communément le *déchaînement des éléments*. Elle est tout aussi présente dans le monde animal, végétal et marin. Les espèces doivent lutter pour subsister et cette lutte se fait souvent dans une extrême violence.

Enfin, elle se retrouve dans le monde de l'homme : la lutte contre la maladie, la souffrance physique engendrée par une blessure ou un organe atteint sont autant de démonstrations violentes afférentes à la vie humaine.

b) L'agressivité

L'agressivité est une dimension spécifiquement humaine. Elle est un mode d'expression pour l'homme en mal de puissance face à un monde qui le domine ; elle est la réponse désabusée de l'*homme qui ne se comprend pas* aux *hommes qui ne se comprennent pas*. Elle est un des très grands fléaux de notre société et engendre la discorde et la guerre. Elle prend sa source dans toutes nos frustrations (sociales, morales, sexuelles...) et se traduit par le désir de nuire aux autres et à leurs intérêts.

La personnalité agressive ne souhaite pas se mesurer aux autres, elle désire les réduire et les écraser. Elle ne recherche pas la lutte loyale, le corps à corps dans lequel le meilleur gagnera ; elle cherche le combat inégal dans lequel elle pourra « *vaincre sans danger* ».

c) L'agressivité est une violence refoulée

En règle générale, nous nous faisons de l'agressivité une idée moins négative que de la violence ; la première paraît essentiellement physique, tandis que la seconde relèverait plutôt du domaine verbal.

Nous vivons dans un monde naturel violent mais notre société et sa morale judéo-chrétienne nous contraignent à l'harmonie et cherchent à nous présenter l'image d'un monde moins violent qu'il ne l'est en réalité.

Pour répondre à cette exigence d'harmonie, nous réprimons en nous notre violence naturelle. Ne pouvant plus s'exprimer, s'extérioriser, cette violence trouve une autre voie d'échappement : l'agressivité.

L'agressivité doit donc être considérée comme une violence refoulée ; elle est la traduction humaine de la violence naturelle se trouvant en toute chose en ce monde, et donc en l'homme.

d) Combattre les idées, non les hommes

Le lecteur pourrait penser que nous faisons ici l'apologie de la violence et de l'agressivité. Qu'il se rassure, telle n'est pas notre intention ! Nous pensons au contraire que l'une des tâches les plus nobles de l'homme est de combattre la violence (des éléments et de la nature) et l'agressivité (de l'homme et de la société dans laquelle il vit). Au cours des siècles passés, des progrès immenses

La vie est une conquête qui implique que nous adoptions une attitude combative. Mais attention, il s'agit de combattre les idées, non les hommes !

ont été réalisés dans tous les domaines : la mortalité s'est trouvée considérablement réduite, la souffrance humaine, grâce aux progrès de la science, a vu ses limites sans cesse reculer, les catastrophes naturelles peuvent de plus en plus fréquemment être anticipées, voire même évitées.

L'homme doit combattre la violence chaque fois qu'il le peut. Mais pour mieux la combattre, il doit apprendre à la connaître et à en dépister les mécanismes car il arrive aussi que la violence soit un moteur d'évolution : Pasteur, Marie et Pierre Curie et bien d'autres encore l'ont amplement montré.

La violence et l'agressivité ne constituent pas en elles-mêmes une alternative rédhibitoire à laquelle l'homme serait contraint de se soumettre. Entre ces deux pôles existe un moyen terme : la civilisation et la culture. L'homme cultivé et civilisé sait se modérer ; il est capable de rester « maître » de sa violence et de son agressivité sans pour autant abandonner sa passion de la vie.

La vie est une conquête qui, pour être menée à bien, implique que nous adoptions une « attitude combative ». Mais attention ! Ne nous méprenons pas sur le sens qu'il convient d'accorder à ce terme. Lorsque nous parlons de *combats*, nous ne faisons pas allusion aux combats guerriers et sanguinaires destinés à dominer, inféoder, réduire, écraser ou anéantir les hommes. Lorsque nous disons *combat*, nous faisons référence à la lutte que nous devons livrer contre les véritables fléaux que sont la maladie, la souffrance, l'ignorance, le préjugé, le racisme, la guerre... en d'autres termes, tous les efforts humains visant à faire reculer les limites de l'impossible.

*
* *

Retenons que la violence de notre monde tend à diminuer au fur et à mesure que le savoir universel grandit. De même, l'agressivité humaine tend à diminuer au fur et à mesure que notre savoir personnel se développe.

17. Fanatisme et kitsch (6)

« Acquérir l'autorité naturelle des enfants. »

Au titre des caractères infirmant notre personnalité, il convient de mentionner le *fanatisme* et le *kitsch*. Tous deux sont des attitudes passionnelles négatives. Nous allons voir pourquoi.

a) Le fanatique : capable de tout, mais sinon de rien

Le *fanatique* entre dans les caractères passionnés et violents. Il sévit généralement dans le cadre d'une autorité supérieure (famille politique ou religieuse) derrière l'idéologie de laquelle il s'abrite. Il ne combat pas pour sa cause personnelle ; il s'investit pour un idéal qu'il souhaite défendre avec ardeur et désintéressement.

Le *fanatique* est un justicier en herbe. Il s'engage à fond pour une cause qu'il croit juste et qu'il défend comme s'il s'agissait d'affaire d'État alors qu'il n'en a contrôlé ni les fondements ni le bien-fondé. C'est un esprit conformiste se soumettant facilement à l'autorité. Sa personnalité rigide et préjugeante ne peut pas prendre en compte toute la richesse et la diversité des situations et des idées qui s'offrent à lui.

Le *fanatique* n'a pas de points de référence personnels et donc pas de limites propres. Ce n'est pas seulement un engagé, c'est un « jusqu'au-boutiste ». En agissant au nom de son idéologie, il peut commettre les pires exactions et les actes les plus insensés. A l'inverse, lorsqu'il doit agir en son nom propre, son absence presque totale d'imagination et d'originalité le rend fade et inexistant.

Sur un plan psychologique, le *fanatique* souffre de sentiments d'infériorité et d'incapacité qu'il compense par des attitudes de supériorité. Il possède un Moi faible. Il ne sait pas puiser en lui

---

6. Le mot « kitsch » est un mot allemand utilisé essentiellement dans les domaines de la création artistique pour qualifier le manque de goût ou l'excès de « bons sentiments » investis dans une œuvre d'art.

la force de son originalité. Son appartenance à un groupe ou à une idéologie est un palliatif de son angoisse.

Dans son comportement extrême, le *fanatique* recherche un rôle d'importance qu'il n'a souvent pas pu jouer dans sa famille. Dans sa relation passionnelle à l'autorité, il tend à correspondre le plus parfaitement possible à l'idéal du père auquel il souhaite obéir de la façon la plus absolue et la plus complète pour être aimé, estimé et reconnu.

Le *fanatique*.

Le *fanatique* a, de toute évidence, un gros travail à faire sur lui-même s'il veut sortir de son impasse. Il doit comprendre que l'idéologie qu'il défend exploite son manque de personnalité et ne lui réserve, en fait, que les basses besognes et les « coups de balai ».

Pour laisser émerger sa véritable personnalité, il doit apprendre à mieux se connaître et à mieux connaître les autres, à différencier ses convictions et à les étayer sur une conception de vie plus large, plus originale et plus humaine. Il doit retrouver son bon sens et son esprit critique qu'il mettra au service d'une vie plus constructive et plus épanouie.

b) L'attitude « kitsch » : une sensiblerie exacerbée

Certains d'entre nous ne peuvent s'empêcher de faire passer toutes leurs perceptions subjectives par le filtre d'une « émotionnalité » exacerbée. Toutes leurs conceptions de vie (morales, philosophiques, sociales, culturelles, religieuses...), donc tous leurs goûts et toutes leurs options de vie, se trouvent imprégnées par cette « subjectivité outrancière » : une telle attitude prend parfois le nom de « kitsch ».

Si nous devions donner une définition du « *kitsch psychologique* », nous dirions qu'il est une attitude par trop sensible et positive face à la vie ; une vision idéalisée et chimérique dans laquelle le monde apparaît exclusivement doux et harmonieux. En fait, l'attitude *kitsch* correspond à une représentation naïve et illusoire des valeurs traditionnellement attribuées au monde féminin.

La personnalité *kitsch* souffre d'une tendance exagérée à l'identification. Elle veut tout partager avec son monde environnant, même les émotions qui ne lui reviennent pas de droit. Son « registre » va de la compassion larmoyante pour les événements les plus futils à l'épanchement massif et pesant pour le plus petit incident. Elle déforme la réalité à travers le filtre émotionnel de sa subjectivité. Par son attitude résolument sensible, elle tend à asservir la réalité ambiante à une idéologie du bien, du beau et de l'esthétique.

Bien que sans aucune mesure avec le caractère fanatique, l'expression constante et exacerbée des émotions de la personnalité kitsch l'empêche également d'avoir une perception correcte et différenciée du monde.

*
* *

Si nous tendons à adopter des attitudes kitsch dans notre vie quotidienne, efforçons-nous de nous en défaire car elles masquent les réalités de la vie, sapent notre vigilance et nous font régresser dans notre personnalité.

18. Le besoin de compliquer les choses

Ce n'est pas ce que les autres font qui nous dérange, mais la manière dont ils le font.

Nous voici arrivés à l'un des chapitres les plus importants de notre ouvrage. En effet, le besoin de compliquer inutilement les choses est une « maladie de la personnalité » que nous pourrions considérer comme quasi universelle. Cette « maladie » sournoise et destructrice est si anodine en apparence qu'aucun de nous ne semble en souffrir. Et pourtant ! Si nous savions combien elle nous empêche de vivre, combien elle entraîne d'échecs et de malheurs, combien elle réduit notre identité et notre personnalité, nous nous aviserions d'agir au plus vite afin de nous en débarrasser !

Cette manie de la complication porte en elle tous les éléments d'une personnalité forte et épanouie alors qu'il s'agit justement du contraire. Elle prend essentiellement racine dans nos certitudes infondées, nos convictions arbitraires, et trouve son expression la plus marquante dans nos illusions les plus vaines et les plus insensées.

Pour bien comprendre ce mécanisme et pouvoir en sortir, il convient d'abord de délimiter les domaines dans lesquels ce fléau sévit, puis de faire la part du symptôme et celle de la personnalité authentique.

a) Le doute et l'interrogation

Le premier piège dans lequel nous tombons fréquemment est de confondre *doute* et *interrogation*. Quelle différence existe-t-il entre les deux ?

Le **doute** est une hésitation inhibante nous empêchant de nous situer, de prendre position ou d'émettre une opinion. Il est le résultat du heurt de notre impulsivité et notre instinctivité d'une part, de notre désir d'une activité raisonnée d'autre part. C'est pourquoi nous éprouvons mille difficultés à concilier en nous « activité intuitive » et « activité pensée ».

L'**interrogation** n'est pas un doute. On peut se poser des questions sans qu'elles prennent pour autant l'allure de problèmes. L'interrogation naît de la curiosité ; elle est une ouverture sur la vie. C'est elle qui nous empêche de tomber dans les préjugés, les idées toutes faites et les clichés. Elle est le moteur de notre évolution. Sans elle, la réflexion ne serait pas possible. C'est à partir d'elle que s'élaborent nos choix, nos décisions, nos jugements.

Ne nous méprenons pas : l'interrogation n'est pas une attitude purement passive et contemplative. Elle est au contraire une activité cérébrale faisant appel à nombre de mécanismes actifs qui nous permettent de prendre en compte tous les paramètres nécessaires à la décision et à l'action.

b) Complexe et compliqué

Une seconde confusion que nous commettons fréquemment est de confondre *caractère complexe* et *caractère compliqué*. Quelle différence existe-t-il entre les deux ?

Le **caractère complexe** est riche, diversifié, différencié. Il fait appel à de très nombreux paramètres humains dont il importe absolument de tenir compte si nous voulons saisir l'homme dans sa totalité.

Le **caractère compliqué** ne détient pas cette richesse. Nous pourrions l'assimiler à une pelote de nœuds. Il est si difficile de « démêler » l'imbroglio de ses pensées et de ses principes qu'il s'avère pratiquement impossible d'évaluer correctement sa personnalité. Il n'accepte pas les faits tels quels, même s'ils sont flagrants. Il a besoin de preuves. Devant une hypothèse, il reste perplexe, s'éparpille, se disperse, se trouble, perd pied et demande toujours davantage de preuves de ce qui est avancé.

Il ne faudrait cependant pas croire que le compliqué complique les choses « par plaisir », comme le dit l'expression consacrée. Son besoin de compliquer les choses ne correspond pas à un plaisir, mais à un besoin de sécurité.

On peut assimiler le caractère *compliqué* (à gauche) à une pelote de nœuds. Il est pratiquement impossible d'évaluer sa personnalité tant nous éprouvons de difficultés à « démêler » l'imbroglio de ses pensées. Le caractère *complexe* (à droite) est riche, diversifié, et fait appel à de nombreux paramètres humains.

Retenons que l'on peut être complexe et simple à la fois, mais qu'on ne peut pas être simple si l'on est compliqué.

c) Le critiqueur et l'esprit critique

Parmi les *compliqueurs*, on trouve également le *critiqueur* ; ce qui le caractérise essentiellement est qu'il éprouve toujours le sentiment de devoir émettre une opinion et de prendre position sur tout.

Il est un caractère autoritaire qui ne sait que dénigrer, critiquer, attaquer, discréditer, décrier. Ayant réponse à tout, mais sentant bien que ses arguments manquent de discernement et de réalisme, il tend à éluder de façon autoritaire les questions qui lui sont posées. Cette position inflexible face à autrui est due au fait qu'il se considère plus censé, plus clairvoyant, bref plus intelligent que les autres. Il ne cherche pas la vérité puisqu'il pense la posséder.

Le *critiqueur* n'interroge pas, il affirme. Comme il redoute la complexité des choses et craint de se confronter franchement et sincèrement aux tâches de la vie, il préfère projeter sur le monde et sur son environnement une image précise, définitive et immuable de ce qui *est* et de ce qui *n'est pas*. La plupart du temps, ses clichés et ses vérités toutes faites lui viennent de son enfance et de l'éducation autoritaire dispensée par ses parents ou ses éducateurs.

En fait, le *critiqueur* est « *un incertain qui ne doute de rien* ». Comme il se sent frustré de constater que nombre de personnes sont, « malgré tout », plus intelligentes, plus cultivées, plus sensibles ou plus créatives que lui, il se sent obligé de les descendre en flèche pour faire bonne figure.

Le *critiqueur* souffre de sa situation car sa personnalité carentielle et orgueilleuse s'appuie sur des préjugés au lieu de s'épauler sur la richesse et la diversité des multiples événements et circonstances qui devraient jalonner sa vie.

d) L'esprit négatif et le dénigreur

Il est encore un type de personnes fort compliquées entrant dans les compliqueurs : il s'agit de l'esprit négatif et dénigreur.

L'**esprit négatif** voit tout « en noir » et refuse systématiquement ce qui lui est proposé, même si cela va à son avantage. La psychologie de ce genre d'individu est très intéressante, car il donne l'impression de frayer quotidiennement avec l'aménité, le renoncement et le sacrifice alors qu'il s'avère, à l'étude, être un personnage austère, froid et égoïste, calculant les effets négatifs qu'il produit sur les autres. Autant dire qu'il puise sa force dans le refus.

Il exprime sa vision négative de la vie de deux manières : soit il recourt à la plainte et au larmoiement, soit il puise dans le registre des responsabilités excessives qui feront de lui un véritable « martyr de l'humanité ». En cela, il ressemblerait bien au célèbre Tartuffe de Molière.

Il pèse lourdement sur son entourage et sa famille car son négativisme rejaillit sur tout ce qu'il fait et dit. Il trouve toujours le moyen de se mettre dans une position particulièrement éprouvante et affligeante et donne mauvaise conscience à tous ceux qui l'approchent de se sentir aussi bien tandis que lui-même est au plus mal.

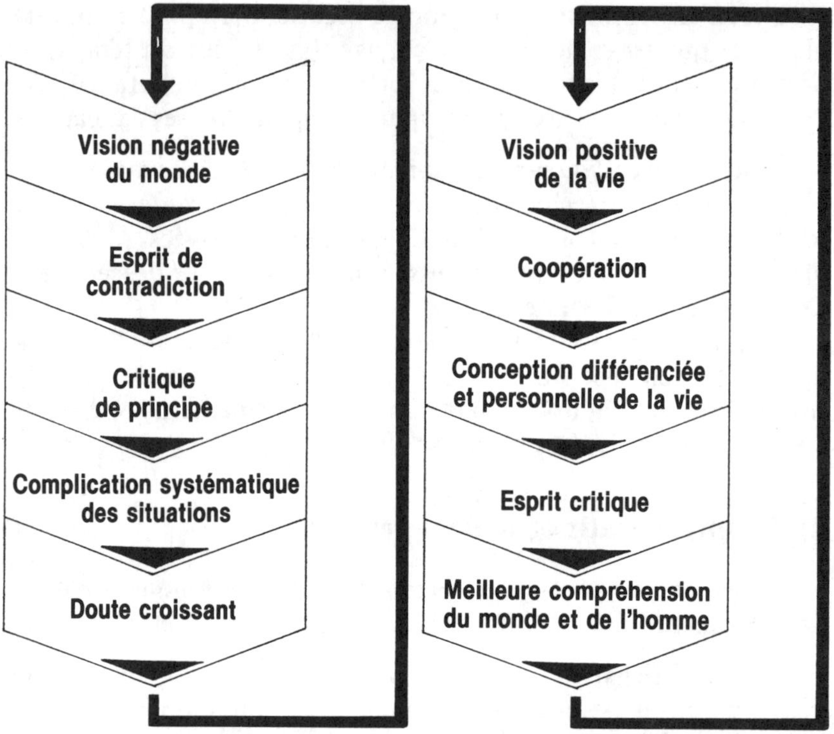

L'*esprit négatif* se double généralement d'un **dénigreur** qui ne semble s'intéresser qu'aux défauts et travers de ses semblables.

Le *dénigreur*, dont l'attitude prend, une fois encore, sa source dans un très fort sentiment d'infériorité, d'incapacité et d'impuissance, ne semble s'intéresser qu'aux défauts et travers de ses semblables : il attaque, décrie, discrédite tous ceux qui passent à sa portée et personne ne trouve grâce à ses yeux. Il démystifie, rationalise, réduit toutes leurs actions et leurs entreprises, dénonce leurs tentatives et leurs efforts, n'y voyant qu'arrière-pensées intéressées et manœuvres vénales ou malhonnêtes. Il va de soi que lui-même n'est jamais en cause dans ses critiques.

La plupart du temps, le *dénigreur* est mal vécu par les autres car il leur renvoie une image trop négative du monde et d'eux-mêmes.

e) L'avocat du diable et l'esprit de contradiction systématique

Une troisième confusion, enfin, dont il nous arrive souvent d'être victime, consiste à confondre le rôle d'*avocat du diable* et celui de *contradicteur systématique*.

Il faut convenir que certaines discussions manqueraient totalement de « sel » s'il ne se trouvait quelqu'un pour tenir le rôle de l'*avocat du diable*. Cette position est, somme toute, assez plaisante car elle nous permet de nous démarquer des autres et de nous sentir maître du débat. Dans ce rôle, il peut advenir que nous ne soyons pas d'accord avec ce que nous avancions ou affirmions nous-même, mais cette situation paradoxale et légèrement aberrante n'en anime que davantage la discussion.

Cependant, lorsque nous exagérons cette tendance pour assouvir à bon compte notre besoin de puissance et d'autorité et que nous l'étendons progressivement à tous les événements de notre vie quotidienne, elle finit par dégénérer en une véritable manie de la contradiction et du contre-pied n'ayant plus aucun rapport avec le « sel » d'un débat.

Soyons donc vigilant lorsque nous nous laissons aller au jeu de l'*avocat du diable* et ne transformons pas en une habitude ce qui devrait rester une exception.

f) Contre-pied et plaisir de la rhétorique

Il est un type d'individus entrant dans la famille des caractères difficiles qui nous donne souvent bien du fil à retordre : il s'agit du *contre-piediste*. Celui-ci ne se déplace jamais sans son sempiternel « *Oui, mais* » de sorte qu'il a finalement réponse à tout.

Nous pourrions croire que l'adepte du « *Oui, mais* » appartient à la catégorie des caractères simples s'il n'ajoutait systématiquement derrière son oui le « mais » fatal et réductif infirmant son adhésion initiale. Il est clair que ce genre de personne ne tend pas à collaborer avec son environnement ; sa surenchère d'arguments ne vise qu'à lui donner le dernier mot.

Ordinairement, l'attitude du contre-pied et la politique du « *Oui, mais* » se rencontrent essentiellement chez l'enfant et chez l'adolescent en mal d'opinions originales et de certitudes personnelles, lorsqu'ils tentent d'opposer leur jeune autorité à celle de leurs parents et éducateurs. Cependant, si cette attitude doit être considérée comme normale chez l'enfant, il n'en va plus de même pour la personne adulte amenée à tenir sa place et à jouer un rôle de responsabilité dans la société.

S'il est vrai que nous sommes tous, à un degré ou à un autre, sujets au contre-pied, il convient de garder malgré tout un œil critique sur ce type d'attitude afin qu'elle ne dégénère pas et ne fasse pas de nous un « opposant » systématique et indifférencié.

Il existe une autre forme d'opposition touchant les caractères compliqués : il s'agit du plaisir de la rhétorique.

Lorsque nous accordons trop d'importance aux mots et que tout devient prétexte à discussion, nos réflexions ne sont plus portées que par la logique (ô combien illogique souvent !) des mots, de sorte que nous finissons par perdre notre « bon sens ».

Les analyses rhétoriquement agréables sont souvent peu réalistes car, pour peu que nous sachions manier le verbe, nous pouvons leur faire dire n'importe quoi et démontrer une chose aussi bien que son contraire. Il convient donc de s'en méfier.

g) Le spécialiste des états limites

Certains excellent dans le « flirt » avec les états limites. Qu'en est-il exactement ?

Ce genre de personnes a pour spécialité de reculer le plus loin et le plus longtemps possible les actions ou les prises de position dans le seul but de « voir » jusqu'où il peut aller. Nous ne savons jamais sur quel pied danser avec lui, car il est difficile de distinguer s'il s'agit d'une « attitude de négligence » ou d'une « politique du report ». Il va sans dire qu'un tel comportement a pour conséquence première de semer en nous le doute et l'incertitude.

Son objectif névrotique consiste à se diriger vers un état de crise limite (7), à tenter de le supporter et d'y rester le plus longtemps possible, même si sa situation confine à l'insupportable. Son jeu, souvent inconscient, se base sur sa seule intuition avec laquelle il ne cesse d'évaluer et de calculer le risque encouru. Dans ses relations professionnelles, interpersonnelles et amoureuses, il peut jouer sur le même registre et devenir, quand il le décide, aussi insupportable avec autrui que la situation qu'il a créée l'est avec lui-même.

Une telle attitude traduit à l'évidence une volonté de rester à l'intérieur de soi, de ne pas vouloir donner, recevoir, coopérer.

La personne concernée a le sentiment de diriger sa vie, mais ce n'est qu'un leurre ; c'est plutôt sa vie inconsciente qui la dirige et la fait agir de façon aussi compliquée.

h) Synthèse

Besoin de compliquer inutilement les choses, doute constant, complication systématique des situations vécues, critique dénigrante et négativisme, rhétorisme de principe, situations d'états limites, esprit de contradiction, aucun de nous n'est à l'abri de tels comportements névrotiques qui peuvent, hélas ! se transformer en un véritable style de vie.

Si nous avons un penchant excessif pour ces comportements et attitudes négatifs, il nous faudra faire appel à toutes nos forces novatrices pour en sortir. Restons en tout cas vigilant et interrogeons-nous régulièrement sur la nature de nos comportements afin de les corriger dès qu'ils n'apparaissent plus animés d'un désir de mieux vivre, mieux comprendre, mieux évoluer, mais d'une compulsion à négativer et dénigrer le monde et notre environnement.

---

7. Par exemple, reculer le plus possible le moment de poster une lettre, faire « tirer » au maximum le paiement d'une créance...

19. Le besoin de simplifier les choses

L'indifférence est un symptôme de la déception.

Nous avons pu dire du besoin de compliquer les choses qu'il était une « maladie de la personnalité » : nous pourrions presque en dire autant du comportement opposé consistant en une certaine compulsion à simplifier les choses. Examinons donc quelques-uns de ces caractères, voyons de quoi ils sont faits et quels problèmes entraîne cette fâcheuse manie.

a) Le simpliste : une fuite dans le « oui »

A l'opposé du *compliqué*, le *simpliste* approuve toujours tout et acquiesce en toute occasion. Sa manie du « oui » l'entraîne souvent dans les pires difficultés car toutes les situations vitales qu'il rencontre sur son chemin ne peuvent, à l'évidence, être résolues par une simple approbation. Son attitude le rend d'un commerce difficile : son entourage ne peut véritablement compter sur lui, ne sachant jamais si ce qu'il avance trouvera sa traduction dans la réalité ou restera à l'état « d'affirmation gratuite ».

Chez lui la simplicité n'est pas un choix : elle est une obligation. S'il prêche la simplicité à tout va, c'est pour éviter de faire des vagues et être aimé de tous. Il estime que s'il ne présente aucun problème, les autres n'auront aucune raison de le rejeter.

Résolument positif, le *simpliste* ne s'aperçoit pas qu'il sous-estime les tâches que la vie nous impose et les problèmes qu'elle nous assigne de régler. Ne voulant retenir que le côté positif des choses, il a tendance à « rationaliser vers le bas ».

Son comportement est mû par deux intentions :

— La première est un désir profond et constant de vouloir faire plaisir à tout le monde. Son attitude se rapproche en cela de celle de l'*harmoniste* (ce caractère est étudié dans les pages suivantes).

— La seconde réside dans son besoin de ne pas se compliquer l'existence : en acquiesçant à tout, il est sûr de ne se mettre personne à dos. Libre à lui, ensuite, de choisir s'il exécutera ou non le blanc-seing qu'il aura donné.

En ne contrariant jamais les autres, il évite toute complication. Généralement, lorsque ses interlocuteurs sont fatigués de ses promesses jamais tenues, ils n'entrent pas en conflit avec lui, mais préfèrent tout simplement couper les ponts. Ces conséquences ne le perturbent pas dans sa fâcheuse tendance car, même si son orgueil lui en cuit, il a pour devise : « *Un de perdu, dix de retrouvés.* »

Lorsqu'il est pris en flagrant délit de « blanchissage systématique de situation », il a pour habitude de tomber des nues, ne comprenant pas qu'on puisse l'accuser d'irresponsabilité alors qu'il n'y voit lui-même qu'esprit de conciliation et générosité (8).

Le problème essentiel du *simplificateur* est qu'il ne sait pas dire non. Il assimile le refus à un acte d'agressivité et de méchanceté caractérisé. Lorsqu'il se trouve lui-même dans la nécessité de refuser une chose ou l'autre, il développe un vif sentiment de culpabilité et préfère souvent prendre la fuite dans le « oui » (quitte à le transformer en « non » par la suite) plutôt que d'affronter le courroux ou la récusation de ceux qu'il craint de voir se transformer en juges ou en accusateurs de ses actes.

Le *simplificateur* donne bien du fil à retordre à ses proches : en effet, son désir de plaire à tout le monde les oblige eux-mêmes à corriger le tir et à tempérer tous les excès provenant de sa légèreté, ce qui les conduit souvent à faire figure de « rabat-joie » et à prendre à sa place le rôle du méchant.

Aplanissant systématiquement tout ce qui passe par lui, transformant toute chose en son contraire, le *simpliste* compromet les possibilités d'évaluation correcte des situations, pervertit les circonstances complexes, dénature la loi des libres oppositions et rend finalement impossible toute règle du jeu. Cette position le conduit

---

8. Il est intéressant de noter que bien que le considérant comme insaisissable et irresponsable, son entourage tend à le confirmer, voire à l'encourager dans cette attitude car elle lui confère malgré tout un côté sympathique et attachant.

à adopter dans la vie une « politique de la dérision » qui lui masque la vision des vraies valeurs et l'empêche d'acquérir une sensibilité plus authentique de la vie.

Du fait de sa compulsion à dédramatiser, aplanir, désamorcer toutes les situations, le *simplificateur* finit par manquer de points de référence corrects et se retrouve finalement « en deçà » de la réalité ambiante, ce qui va au détriment des possibilités d'évolution et d'épanouissement de sa personnalité.

b) L'harmoniste

Vivant en famille ou au sein d'un groupe social donné, il est bon que nous apprenions à développer une certaine propension à l'harmonie. Cependant, lorsque celle-ci dépasse le cadre de l'entente, de la bonne intelligence et qu'elle se transforme en une véritable contrainte d'intégration ou d'assimilation privant l'individu de ses opinions et de son libre arbitre, il arrive que cette disposition s'exacerbe en un excédant désir d'unanimité de points de vue et de conformité de pensée frisant la névrose. Ne serait-ce qu'à ce titre, il est bon que nous nous attardions un peu sur cet aspect négatif de l'harmonie.

A l'instar du *simplificateur*, l'*harmoniste* souffre du besoin excessif de simplifier les choses et, plus particulièrement, ses rapports avec autrui. Cette compulsion névrotique le met dans l'obligation de neutraliser toutes les différences de points de vue et d'aplanir tout ce qui pourrait aller à l'encontre de la cohésion vitale de la structure familiale, communautaire ou sociale.

Bien plus que d'un naturel désir d'entente, de partage et de coopération, il s'agit pour l'*harmoniste* d'éviter le risque de « tomber » en désaccord. Pour être parfaitement « au diapason », il tend donc à ériger un monde de valeurs s'établissant sur le seul critère valable à ses yeux : l'harmonie. Il va sans dire que cette attitude engendre chez lui un nombre considérable de tabous et d'interdits : tabous car tout ce qui pourrait compliquer les choses est supprimé d'office ; interdits car tout ce qui peut donner lieu à discussion est ressenti comme « explosif » et donc désamorcé.

Pour l'*harmoniste*, il s'agit d'éviter de tomber dans le désaccord ; pas question de dire non. Cela équivaudrait à une remise en cause de tout son système de pensée.

Tant qu'il peut évoluer dans cette vérité collective, que les problèmes sont éludés et les désaccords évités, tout va bien. En revanche, lorsqu'il se trouve contraint d'exprimer un refus (par politesse, par exemple), c'est tout son monde de valeurs qui est remis en cause. Seul un mensonge diplomatique pourra alors le tirer de ce mauvais pas.

L'*harmoniste* (comme le *simpliste*) a horreur de dire non. Cette expression équivaut pour lui non seulement à un refus ponctuel, mais à un rejet de toute la personne de son interlocuteur, en même temps qu'à une remise en cause de tout son système de pensée personnel.

Par son obsession de cohésion et d'uniformité, l'*harmoniste* entrave le cours naturel de ses relations avec autrui et met souvent son entourage en difficulté du fait de sa tendance excessive.

Insaisissable puisque toujours d'accord, irrencontrable puisque jamais en opposition, intouchable puisque porteur de tabous et d'interdits, il déroute ses interlocuteurs qui ne savent jamais comment le prendre et tendent à le tenir pour quantité négligeable, à moins qu'ils n'évitent tout simplement sa compagnie.

c) Autres caractères réputés simples

Parmi les caractères éprouvant le besoin de simplifier les choses, il convient de mentionner aussi le *rêveur*, l'*inconscient*, le *séducteur* et le *charmeur*.

L'**inconscient** entre dans les caractères tendant à simplifier exagérément les choses dans la mesure où il ignore sciemment les difficultés ou les brave inconsidérément. Lourdaud, empêtré, pataud, il utilise sa soi-disant inconscience pour faire opposition à toutes les situations vitales gênantes qu'il rencontre. Il oppose son inertie pesante à toutes les activités qui lui sont présentées sans rien proposer en échange. Bien qu'il soit loin d'être inepte, il donne l'impression d'une certaine bêtise ; mais lorsque la situation s'impose, il se montre parfaitement capable de garder les pieds sur terre. L'irréflexion et le manque d'esprit conséquent le font souvent échouer dans ses actions et dans ses entreprises.

Autant dire qu'il aurait beaucoup à gagner à se défaire de ce cliché qu'il colporte sur lui-même. Sa personnalité s'en trouverait d'autant plus libérée et épanouie.

Le **rêveur**, lui, trouve sa place entre le *compliqueur* et le *simplificateur*. Par nature, il se situe dans le domaine du rêve, c'est-à-dire dans les « éthers » de l'irréalité. Il s'agit d'une personne plutôt douillette, refusant d'affronter les difficultés de la vie et préférant se réfugier dans les étoiles où rien ni personne ne pourra véritablement l'atteindre.

Si sa position non tranchée lui confère quelques privilèges (puisque rien ne le touche véritablement ni ne l'atteint), elle ne participe en aucun cas à la brillance de sa personnalité qui reste la plupart du temps à l'état embryonnaire.

A l'instar de l'*inconscient*, s'il veut conférer à sa personnalité toute sa dimension, le *rêveur* aura profit à reprendre pied avec la vie sur terre et à déployer tous ses efforts pour la conquérir.

Pour ce qui est du **séducteur** et du **charmeur**, nous conseillons au lecteur de se reporter à notre ouvrage *Vivre sa vie* (9) dans lequel ces caractères ont déjà été étudiés.

---

9. Éditions Dangles, 1988.

TROISIÈME PARTIE

Ce qui confirme notre personnalité

20. La personne centrée

Il existe une différence entre « se sentir admis » et « savoir que l'on a sa place ».

a) Entre la dramatisation et la banalisation

Nous avons vu dans les pages précédentes que ni le caractère s'efforçant de compliquer les choses, ni celui tendant à les simplifier à l'extrême, ne pouvaient dégager à partir de cette manie une personnalité forte et épanouie. Nous avons pu dire par ailleurs qu'il fallait considérer ces attitudes vitales comme une véritable « maladie de la personnalité ». Quels enseignements devons-nous tirer de tout cela ?

Dans un cas comme dans l'autre, nous trouvons une évaluation erronée et une perception incorrecte des réalités auxquelles, malgré nous, la vie nous confronte.

Les *compliqueurs* prennent inutilement sur leurs épaules un fardeau qui ne leur appartient pas. Par des points de références trop rigoristes et répressifs, ils encerclent et étouffent leur monde de sensation et de perception réduisant d'autant leur champ d'expériences vitales. Ils ne savent exprimer leur identité que dans la morne platitude d'expériences austères et tronquées. La personnalité qu'ils dégagent manque de toutes les teintes composant l'arc-en-ciel de la vie humaine.

Le *faciliste* et l'*harmoniste* outranciers paient tout aussi cher leur attitude : en sous-estimant les tâches que la vie nous assigne, ils s'empêchent de rencontrer autrui dans la confrontation et se privent de l'enrichissement que produit le heurt des idées.

Compliqueurs et *simplificateurs* ont un point commun : ils souffrent pareillement de la « crainte du rejet » et de la « peur du conflit ». Expliquons-nous : adoptant une attitude d'austérité et de souffrance, portant à lui tout seul, tel Atlas, le poids de la voûte terrestre, le *compliqueur* ne participe pas à la vie sociale. Isolé, se sentant incompris, il traduit cet état de fait comme un rejet émanant des autres alors qu'il en est en fait l'instigateur.

Tandis que le *compliqueur* court-circuite les possibilités de rapprochement en exagérant le sérieux des choses, le *simplificateur,* lui, désamorce toutes les situations relationnelles qui pourraient s'avérer explosives. Approuvant toute chose et répondant « oui » à tout, il place les autres dans l'impossibilité de ne pas l'aimer et donc de le rejeter. De plus, comme il se voit contraint d'adopter des « points de vue à géométrie variable » afin de toujours rester en harmonie avec ceux des autres, il rend impossible toute crise ou tout conflit avec eux.

*
* *

Il va sans dire que tous ces caractères pâtissent de leur position exceptionnelle. Le fait de se situer en amont (pour les *compliqueurs*) ou en aval (pour les *simplificateurs*) de la complexité naturelle de la vie les prive d'une vision pleine et différenciée de ce que pourrait être leur personnalité.

Déformant la réalité, pervertissant le véritable sens de la vie et des problèmes qui la jalonnent, les uns comme les autres se révèlent incapables de trouver un « moyen terme » entre la « terrible complexité » et l' « anodine banalité » des choses. Pour échapper au conflit, ils se voient contraints d'évoluer sur des « champs de bataille secondaires », négligeant de découvrir ce que les « champs de bataille principaux » pourraient leur offrir. Trop occupés à pratiquer la « guéguerre » (les *compliqueurs*) ou à l'éviter à tout prix (les *simplificateurs*), ils ne parviennent pas à développer leur véritable personnalité en se « limant » aux autres.

b) L'apprentissage du conflit

Nous l'avons dit, la vie n'est ni facile ni difficile, ni simple ni compliquée. Elle est complexe. Complexe car faite d'une infinie variété de situations et d'émotions qui se rencontrent, se mêlent, s'enchevêtrent, s'épousent en de multiples affinités s'imbriquant les unes dans les autres jusqu'à donner naissance aux paradoxes les plus invraisemblables.

Les situations paradoxales sont fréquentes dans la vie de l'homme. Ce sont elles qui rendent la vie si compliquée à comprendre et si difficile à maîtriser. Mais reconnaissons-le : ce sont elles aussi qui la rendent si riche, si diversifiée et si captivante.

L'un des paradoxes les plus marquants réside dans la double exigence que pose la vie : d'un côté elle nous incite à vivre en bonne entente avec nos semblables, tandis que d'un autre elle nous contraint à les affronter et à entrer en conflit avec eux. C'est la raison pour laquelle nous éprouvons tant de difficultés à faire coexister en nous « harmonie » et « conflit ».

Ces difficultés sont, pour la plupart, la traduction des valeurs réductrices et assimilatrices prônées par notre société, son principal idéal d'éducation se réduisant essentiellement aux quatre termes : sagesse, gentillesse, obéissance et soumission. Chaque fois que nous tentons de nous éloigner de ces quatre points cardinaux, nous nous heurtons aux idées en place, entrons en conflit avec les autres et courons le risque d'être rejeté.

Face à notre besoin d'amour absolu et à ses paradigmes que sont la « peur du rejet » et la « crainte de l'abandon », quelle latitude nous reste-t-il pour faire germer en nous un minimum d'esprit de révolte et de capacité au conflit ?

Si nous pouvions prendre un peu de distance par rapport à ces craintes, nous nous apercevrions que les situations conflictuelles n'ont en elles-mêmes rien d'exceptionnel. En fait, elles devraient même être considérées comme un état « normal », aussi normal que celui d'éprouver des émotions. Dans la vie, nous ne pouvons pas nous borner à n'exprimer à autrui que des choses agréables et harmonieuses ; il arrive que nous ne puissions pas concilier nos points de vue et que nous soyons amené à exprimer notre désaccord.

Une autre question qui se pose est de savoir sur quelle base s'articule notre aptitude au conflit.

Nous devons comprendre qu'il existe un lien entre notre aptitude au conflit et notre perception des émotions. Expliquons-nous ; l'émotion est sous-tendue par deux types de situations : les situations positives (par exemple, l'émotion ressentie devant un magnifique coucher de soleil) et les situations négatives (par exemple, celle ressentie à la réception d'un télégramme).

Notre émotion englobe l'aptitude à ressentir des situations ou des événements « à l'unisson » avec les autres et la capacité de sentir et de penser différemment, donc d'entrer « en opposition » avec eux. L'émotion d'opposition est tout aussi importante que l'émotion d'unisson en ce sens que l'une et l'autre sont des émotions « partagées ».

Si nous n'avons pas appris dans notre enfance à accepter nos émotions négatives au même titre que nos émotions positives, celles-ci trouvent plus tard leur expression dans toute une série d'attitudes erronées, carentielles et névrotiques.

Dans l'apprentissage du conflit, notre première tâche consistera donc à mettre en évidence nos émotions, à en prendre conscience et à les accepter. Cela n'est pas chose aisée car, en abordant le conflit, nous redoutons la distance que celui-ci risque d'engendrer et le « désamour » qui peut en résulter.

N'hésitons pas à surmonter cette peur, ne nous décourageons pas. Un « vrai » conflit n'aboutit pas à une rupture. Au contraire, il contribue généralement à revivifier une relation, une amitié ou un sentiment amoureux.

*

* *

Ce qui précède nous amène à établir deux types de conflits : le *conflit névrotique* et le *conflit sain*.

c) Le conflit névrotique

D'une manière générale, tous les modes relationnels conflictuels entrant dans les champs de bataille secondaires peuvent être considérés comme des conflits névrotiques.

Dans le conflit névrotique, le but poursuivi consiste à avoir raison à tout prix, à sortir victorieux en toute circonstance, quitte à écraser l'autre pour parvenir à nos fins. Ne supportant pas d'être pris en défaut, nous ne cherchons qu'à faire des « *parcours sans faute* » et réagissons de façon agressive dès que l'on tente de nous démontrer la faiblesse de nos mécanismes de pensée.

d) Le conflit sain

Il fait avant tout appel à un sentiment de souveraineté nous autorisant à penser que si nous devions entamer un conflit, nous aurions quelque chance de tirer correctement notre épingle du jeu.

Paradoxalement, le conflit sain implique la nécessité d'écouter ce que les autres ont à dire. L'écoute, l'effort de compréhension et l'ouverture sur la communication sont autant d'éléments renforçant notre position dans nos conflits avec les autres.

L'apprentissage du conflit implique une « éducation au respect de soi et d'autrui » ; ce n'est qu'à ce prix que nos conflits seront véritablement « productifs ». Sans la capacité de tomber d'accord, il est impossible de gérer sainement un conflit.

Attention ! Ne confondons pas « conflit » et « dispute » :

— Dans la dispute, ce qui nous intéresse est d'avoir raison à tout prix.

— Dans le conflit en revanche, ce qui compte c'est de parvenir à exprimer nos idées personnelles et nos désaccords par la parole. Le conflit n'est ni une dispute ni un combat. Il n'a aucun rapport avec les réactions agressives, sauvages ou destructrices. Il ne s'agit pas davantage de se mesurer constamment aux autres ou de leur tenir tête indéfiniment.

Si nous parvenons à nous écarter des clichés et des idées toutes faites fleurissant dans les champs de bataille secondaires, l'éducation au conflit nous apparaîtra comme une véritable éducation à la vérité.

e) Éduquons nos émotions

A la lecture de ce qui précède, nous pourrions être tenté de courir nous inscrire à une « école du conflit ». Hélas ! une telle école n'existe pas. L'apprentissage du conflit ne peut être qu'une démarche individuelle.

Le chemin de l'aptitude au conflit passe par une « éducation de nos émotions ». C'est en travaillant sur celles-ci que notre capacité au conflit apparaîtra et se renforcera. Plus notre champ d'émotions sera vaste, plus nous nous sentirons souverains dans le monde et plus nous serons à même de nous démarquer d'autrui dans nos opinions et nos options de vie.

Plus notre champ d'émotions sera vaste, plus nous nous sentirons souverain. Amour, Amitié, Connaissance, Travail... constituent le meilleur terreau de nos émotions.

Sachons que le meilleur terreau de nos émotions réside dans l'amour, l'amitié, le travail, la connaissance de soi et des autres, l'étude des sciences, des arts, de la culture... Si nous nous attachons à nous réaliser dans ces domaines, notre monde d'émotion s'épanouira, notre aptitude à l'harmonie et au conflit s'en trouvera améliorée et notre personnalité y gagnera considérablement en maturité.

f) Synthèse

Quiconque passe son temps à se battre sur des champs de bataille secondaires ne peut éprouver un « souci de lui-même » suffisamment fort pour rester vigilant à ses besoins de base. La frustration qui en découle trouve son expression dans une tendance exagérée à dramatiser ou à banaliser les situations et l'empêche de trouver son juste milieu, son équilibre, son centre.

Si nous devons apprendre à maîtriser notre capacité au conflit, n'oublions pas que notre aptitude au lien, à l'harmonie naturelle et à la coopération doit rester notre préoccupation première. L'état de conflit permanent ne saurait représenter un style de vie quotidien. Apprenons à coopérer et nous saurons mieux gérer et surmonter nos conflits.

g) Le centrage sur soi

Nous nous méprenons souvent sur le sens attaché à ce mot. Lorsque nous parlons du « centrage sur soi », nous ne faisons pas allusion au « personnalisme » égoïste caractérisant certaines personnes peu soucieuses du respect d'autrui, mais nous entendons : « parvenir à se trouver soi-même », c'est-à-dire savoir qui nous sommes, prendre conscience de notre propre valeur par rapport aux autres et ne plus avoir besoin de recourir à des artifices de dramatisation ou de banalisation.

Il est vrai que nous vivons dans une société et une culture tendant à faire la part trop belle au sentiment d'infériorité, d'humilité et d'abnégation. Cette fâcheuse tendance à infirmer, déprécier, dévaloriser tout ce qui émane de nous, nous conduit à perdre de vue « qui nous sommes » et la place que nous occupons vis-à-vis d'autrui. Notre quête de nous-même est rendue plus difficile encore par l'éducation répressive que nous ont infligée dans notre enfance parents et éducateurs.

Face au danger de « dépersonnalisation », nous prenons souvent un contre-pied excessif conduisant à des attitudes extrêmes

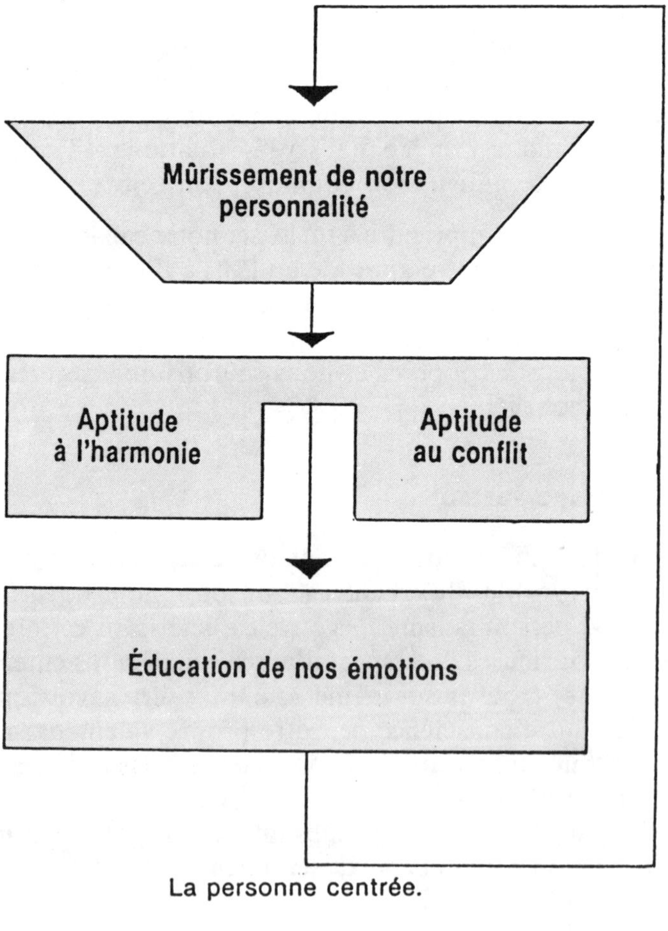

La personne centrée.

telles que l'égoïsme, l'égocentrisme, le narcissisme. Il faut savoir que, contrairement aux apparences, ces attitudes ne sont pas gratifiantes. Si ceux qui en usent pouvaient savoir combien leur vision étriquée du monde entrave l'épanouissement de leur véritable personnalité, ils ne tarderaient pas à changer de politique.

Que faut-il entendre par « centrage sur soi » ? Imaginons deux villes dont nous ne connaissons pas la distance. Si nous ne savons pas précisément où est localisée la première, il nous sera impossible d'en mesurer correctement la distance par rapport à la seconde.

Il en va de même de nos relations avec autrui. Si nous ne savons pas précisément qui nous sommes ou, pour reprendre une expression populaire : si nous ne savons plus « où nous habitons », comment pourrions-nous savoir où se situe l'autre par rapport à nous ?

Pour nous centrer sur nous-même, il convient donc avant tout d'établir où nous nous situons exactement. En d'autres termes, pour définir un type de relation entre nous-même et une autre personne et en comprendre la teneur, il faut préalablement établir le point de départ de la relation et la distance psychologique qui nous sépare de l'autre.

Pour bien nous pénétrer de l'importance de notre position face aux autres, rappelons-nous ce que nous avons déjà exprimé dans le chapitre intitulé *Tous nos problèmes viennent des autres* : « Si nous n'existions pas en tant que type humain, les autres n'existeraient pas non plus (1). »

Attention ! cela ne veut pas dire que nous soyons une personne suprêmement importante ; cela signifie que notre personne est tout simplement « aussi importante » que les autres. Ni plus, mais ni moins non plus.

Lorsque nous apprenons à nous « recentrer », nous découvrons avec étonnement que cette dynamique débouche simultanément sur une ouverture vers les autres comme si, en nous concentrant davantage sur nous-même, nous accédions mieux à autrui.

1. Rappelons que l'inverse vaut naturellement tout autant, à savoir que si les autres n'existaient pas, nous n'existerions pas non plus. Ce sont les autres, en existant, qui nous permettent d'exister.

La personnalité égoïste est souvent considérée comme « centrée » sur elle-même. Cela n'est pas exact. En réalité, elle fait seulement une « fixation » sur un tout petit bout de sa personne, négligeant la partie immergée de l'iceberg de sa véritable personnalité.

La personne *centrée* est à égale distance des autres et d'elle-même. Elle vit au milieu d'une multitude d'images simultanées d'elle-même qui la renvoient constamment vers et parmi les autres. Elle laisse une libre dialectique s'instaurer entre les besoins des autres et les siens propres. Elle n'a besoin ni d'exagérer ni de minimiser les situations qu'elle rencontre car elle sait garder en toutes circonstances un œil sur ses besoins fondamentaux qu'elle ne néglige jamais. Cela lui permet d'aller d'autant plus librement vers les autres qu'elle ne craint nullement de voir sa personnalité infirmée ou entamée par eux.

Toujours en découverte d'elle-même, de ses possibilités, de ses penchants, la personne *centrée* sait vers quels objectifs elle tend et « à quoi elle sert ». Ce puissant sentiment d'existence la propulse dans le monde de l'être et de l'agir dans lequel elle sait se montrer tolérante, vivante et coopérative.

21. Curiosité et goût de l'exploration

« La passion est la récompense de l'effort. »

a) Du poison au contrepoison

Nous avons vu dans les premiers chapitres de cet ouvrage que la personnalité était un processus dynamique consistant en l'intégration de notre identité dans notre monde sensible et qu'elle dépendait donc de notre libre arbitre et de notre « *bon vouloir* ». Mais le problème majeur qui se pose à nous est de savoir comment **dynamiser** ce « libre arbitre » dans notre vie quotidienne. En effet, bien que nous ayons souvent l'occasion de « peser » sur les événements de notre vie, nous tendons à nous engoncer dans des clichés et des stéréotypes qui nous figent dans nos efforts d'expansion. Un tel état de chose nous conduit à sous-estimer nos capacités, à préjuger de nos possibilités d'évolution et à adopter des attitudes vitales par trop timorées. Une fois ce mécanisme névrotique enclenché, le processus d'aliénation poursuit irrémédiablement sa logique : notre vigilance se relâche, nos envies de fureter, d'investiguer, de découvrir s'amenuisent, notre courage de vie s'assoupit, et nous finissons par redouter et faire un « monde » de la situation la plus anodine et la plus banale. Avouons-le, rares sont ceux d'entre nous qui, arrivant à l'âge adulte, ne tombent pas dans ce piège.

Cette attitude vitale régressive n'affecte généralement pas les enfants. Souvenons-nous de notre propre enfance : n'éprouvions-nous pas nous-même l'insatiable besoin d'explorer les moindres situations que la vie nous faisait rencontrer, n'éprouvions-nous pas une inextinguible soif de découvrir les mystères de la vie, ne ressentions-nous pas l'impérieux désir d'apprendre à maîtriser les situations les plus inconnues et les plus compliquées ? Certes oui. Quel merveilleux explorateur nous faisions !

Alors, puisqu'il en est ainsi, pourquoi ces qualités si essentielles pour le renforcement de notre identité et pour le développement de notre personnalité tendent-elles progressivement à diminuer à partir de l'adolescence pour pratiquement disparaître à l'âge adulte ? Pourquoi ne perpétuons-nous pas ce goût de l'exploration et de la découverte ?

La raison primordiale de ce « désapprentissage » est principalement liée aux exigences d'intégration que formule la société à notre encontre. Expliquons-nous : à l'instar des méthodes autoritaires d'éducation pratiquées par nos parents, la société réfrène, contient, jugule tous nos excès de velléités libertaires. Pour ce faire, elle nous incite à réagir sur le schéma comportemental classique « *récompense/punition* ».

Si nous nous conduisons comme le souhaite la société (en adoptant les habitudes de consommation souhaitées, en payant nos cotisations sociales en temps voulu...), celle-ci approuve et entérine notre comportement et nous gratifie de son assentiment. Si nous ne nous conduisons pas comme elle le désire, elle nous frappe de son dissentiment et nous punit en conséquence (risques d'exclusion, pénalités de retard...).

Face à ces moyens de pression constants, nous en arrivons à redouter toujours davantage les « *coups de règle sur les doigts* » si nous dérogeons aux comportements demandés. Ce qui pouvait au départ être considéré comme une crainte exceptionnelle et passagère, devient en fin de compte une angoisse permanente.

Si rien ne vient s'opposer à ce premier système d'aliénation de nos forces vitales, la situation d'inquiétude va continuer de s'auto-alimenter naturellement et s'étendre progressivement à tous les domaines de notre vie (relationnel, professionnel, amoureux...) créant toujours davantage d'incertitudes et d'angoisses. La moindre situation inhabituelle éveillera notre méfiance, le plus minime contretemps engendrera notre inquiétude, le plus imperceptible changement attisera notre peur, la plus anodine contrariété générera notre angoisse : une lettre inattendue, un voisin nouveau, un décalage d'horaire, un document égaré... tout devient matière à inquiétude, tout pousse l'escargot à rentrer dans sa coquille, tout l'incite à se détacher de ce monde imprévisible, tout le conduit à se fâcher avec une humanité si hasardeuse.

Généralement, une fois le « danger » écarté, nous avons tôt fait de constater que nos craintes, nos doutes, nos incertitudes et, par voie de conséquence, nos inquiétudes et nos angoisses étaient sans commune mesure avec la situation donnée. Cependant, nous trouvons toujours un argument pour justifier malgré tout notre attitude de réserve, de retrait ou de repli *(« Il valait mieux être prudent », « Qui sait ce qui aurait pu se passer »...).*

Il va sans dire qu'une telle attitude réduit considérablement notre champ d'expérience vitale : nos comportements se font toujours plus rigides et inflexibles et s'adaptent toujours plus difficilement aux situations vitales rencontrées, notre ouverture d'esprit s'opacifie, notre soif de connaître s'use, notre curiosité se tarit et nous finissons même par trouver hasardeux et risqué de sortir de chez nous.

Un tel état de fait, si explicable et compréhensible soit-il, reste cependant totalement antinomique avec nos efforts d'évolution et de changement.

Prenons conscience de ce qu'une telle dynamique peut comporter d'aliénation pour notre personnalité. Comprenons que si nous avons fait l'*apprentissage* de l'inquiétude et de l'angoisse, nous pouvons tout aussi bien en faire le *désapprentissage*. Nous pouvons influer sur cette dynamique aliénante en jouant sur certains registres et en actionnant certains paramètres qui serviront de véritables *contrepoisons* à notre angoisse. Nous allons voir lesquels.

b) Curiosité de l'environnement et curiosité d'autrui

Nous avons dit précédemment que l'aliénation de notre personnalité ressortait essentiellement de notre détachement du monde et de notre rupture avec autrui. Pour remédier à cette situation, il convient d'engager un processus de réconciliation effectif. Pour ce faire, nous allons devoir nous défaire de nombre de nos automatismes et les remplacer par d'autres dynamismes, d'autres gestes, d'autres modes de pensée plus appropriés.

Le premier palier de dynamisation de notre personnalité réside dans l'apprentissage (ou le réapprentissage) de notre curiosité : *curiosité des phénomènes naturels environnants* d'abord, *curiosité d'autrui* ensuite (2). En reprenant confiance en notre environnement naturel, nous disposerons d'une première base d'action qui nous permettra de nous tourner plus facilement vers autrui.

— Notre **curiosité des phénomènes naturels environnants** (nous face au monde végétal, animal, marin, aquatique...) nous permet de récupérer ou de réaliser une perception physique de notre corps, c'est-à-dire de nous situer « corporellement » dans le monde. En observant notre milieu naturel, en examinant de quoi il est fait,

2. Cet ordre de priorité est essentiel car la réconciliation avec notre environnement est moins directement *compromettante* que celle avec autrui.

comment il se compose, de quelle manière il s'organise, nous développons une relation au monde qui s'exprime en nous par un sentiment d'appartenance physique à notre milieu naturel. Ce « sentiment » est très important car c'est lui qui va nous servir de relais, de tremplin pour accéder à autrui (3).

— Notre **curiosité d'autrui** nous permet de nous situer en tant qu'homme parmi les hommes. Elle englobe tout ce qui ressort du monde de l'humain (dimension manufacturale, sociale, culturelle...). Elle est à l'origine de notre *sentiment d'afférence* (4). Nous appelons sentiment d'afférence tout ce qui contribue à l'élaboration de notre perception sensitive d'autrui, en d'autres termes la capacité de se sentir concerné : concerné par autrui, par la cité, par le monde, par l'univers. Notre capacité de nous sentir concerné nous fournit en retour un sentiment de *présence* dans le monde qui nous permet d'accéder non plus seulement au *perçu,* mais au *vécu* de la synthèse *corps/âme* dans notre rencontre avec le monde et avec autrui.

*
* *

Il est aisé de comprendre combien ces deux curiosités sont primordiales pour l'acquisition d'une perception différenciée de notre place dans le monde et pour notre intelligence des relations interhumaines et de leur dynamique. N'ayons pas crainte d'y recourir. Dégageons-nous des interprétations infirmantes et restrictives de la curiosité. La curiosité n'est pas un *défaut* ; il s'agit au contraire, comme l'indique son éthymologie d'un *soin* (5). Par conséquent, plus nous développerons notre curiosité, plus nous « soignerons » notre personnalité.

---

3. Nous disons « accéder » à autrui car « autrui » ne nous est pas préliminairement donné ; « autrui » nécessite un travail d'accession.

4. Ce sentiment d'afférence (du latin *afferes :* qui contribue à) contient la double notion de *contribution* et de *concernation* au monde d'autrui.

5. En latin, *curiosus :* qui a soin de.

c) Une âme d'explorateur

Parmi les processus de dynamisation de notre personnalité, le « goût de l'exploration » est certainement l'une des qualités les plus prépondérantes.

Qu'est-ce que le « goût de l'exploration » ? C'est la nécessité de retrouver les qualités fondamentales d'intéressement et de passion que nous possédions lorsque nous étions enfant. C'est aussi consentir à nous mettre en avant, faire preuve d'une certaine audace, accepter les risques (malgré tout calculés) que nous pouvons encourir dans nos entreprises.

Comment devient-on explorateur ? Avant tout, il convient de nous découvrir un penchant, une affinité ou un goût pour une chose ou une autre. Tous les goûts sont dans la nature. A chacun les siens (6). Ne dévaluons pas nos penchants et nos affinités ; ceux des autres ne sont pas forcément meilleurs que les nôtres.

Un penchant se cultive : c'est le temps que nous aurons investi et les efforts que nous aurons déployés pour son développement qui transformeront progressivement celui-ci en un intérêt, un goût, puis une véritable passion.

Ne vivons pas à côté du monde comme si nous connaissions tout, comme si tout était définitivement mis à jour, comme s'il n'avait plus rien à nous apporter. Mettons notre casque d'explorateur le matin en quittant la maison et ne l'ôtons pas avant le soir.

Nous avons trop tendance à surestimer les dangers que nous rencontrons dans nos entreprises quotidiennes. Sachons que les risques que nous encourons s'avèrent très rarement à la hauteur de ce que nous imaginons. Faisons preuve d'un peu d'audace et essayons de passer outre les craintes habituelles d'incapacité, d'inaptitude ou d'échec. Devenons les explorateurs de notre vie intérieure et du monde.

---

6. Attention ! Ne soyons pas trop mièvre dans nos choix.

22. L'esprit de nuance

« Tu passes ?
— Non, je viens ! »

a) Une palette de points de vue

Nous venons de voir que la curiosité et le goût de l'exploration étaient des facteurs de dynamisation de notre personnalité. Cependant, le savoir universel n'étant pas de ce monde, il est bien évident que nous ne pouvons pas développer une curiosité et un goût de l'exploration sans borne ni limite. Pour sélectionner et délimiter nos propres domaines d'investigation, il nous faut avoir recours à un baromètre qui tienne compte de nos intérêts et de nos aptitudes spécifiques en même temps que de nos préoccupations respectives. Ce baromètre s'appelle l'*esprit de nuance.*

L'esprit de nuance est une capacité de discernement nous permettant d'éviter de « capter » de façon massive et indifférenciée toutes les informations et tous les problèmes parvenant à notre perception consciente et inconsciente et de les « filtrer » à la manière des peintres impressionnistes qui, percevant tous les détails d'une scène, parviennent par une sorte de « chimie de l'émotion » à filtrer et à éliminer les points insignifiants ou secondaires pour ne plus retenir et rendre que l'impression essentielle de la scène perçue. L'esprit de nuance est une attitude réceptive/active :

— **Réceptive** car elle fait appel à toutes nos richesses intérieures en même temps qu'à toutes celles de notre monde environnant.

— **Active** car elle implique une prise de position effective et une évaluation constante des événements nouvellement perçus par rapport à l'expérience acquise.

La sélection des valeurs qui nous sensibilisent dépend bien sûr de notre personnalité (7). Elle est dans tous les cas forcément restrictive.

---

7. Il n'existe pas deux personnes exerçant strictement la même sélection.

De fait, il ne s'agit pas de nous laisser « bombarder » par une infinité de perceptions brouillonnes, mais de nous sensibiliser aux différences existant entre les diverses situations et circonstances de la vie et d'en distinguer les valeurs et les non-valeurs. Notre esprit de nuance ne doit pas nous amener à nous éparpiller dans tous les sens ou à « *couper les cheveux en quatre* », mais à construire, orienter et affiner notre « *spectre de valeurs* ».

b) Saisir le détail aussi bien que l'ensemble

Nous possédons tous, au départ, une aptitude à l'esprit de nuance (8) et pourtant, paradoxalement, cette disposition ne semble pas être partagée par tout le monde. La raison en est que cette qualité (active/réceptive ainsi que nous l'avons dit) s'accorde mal avec les comportements passifs/réactifs/craintifs que nous développons dans la plupart des situations de la vie quotidienne. C'est pourquoi notre esprit de nuance trouve essentiellement son expression dans nos mécanismes de prévention et de défense (critiques, dénigrements...) au lieu de remplir sa mission d'anticipation et d'enrichissement (pluralité de nos perceptions, ouverture et meilleure compréhension d'autrui...).

L'esprit de nuance suppose que nous acceptions de laisser nos préjugés à la porte et que nous essayions de comprendre le détail aussi bien que l'ensemble. Plus nous serons ouvert aux autres, plus nous serons disposé à accepter leurs différences physiques (ethnies, races...) et morales (conceptions religieuses, appartenances politiques...) et plus riche et différencié sera notre esprit de nuance. En outre, en nous efforçant de développer cette faculté dans cette perspective, nos points de vue se feront plus différenciés et originaux, ce qui nous permettra de ne plus tomber dans les pièges du type : « *Le dernier qui parle a raison.* »

8. Cela ne s'applique cependant pas aux enfants. Réceptifs « à fond », tous sens en éveil, ils ne sont pas à même de filtrer et de sélectionner toutes les informations qui parviennent à leur esprit. Ils sont contraints d'emmagasiner trop d'informations pour parvenir à établir une synthèse nuancée de leur connaissance et de leur vécu des situations rencontrées.

Ne nous cantonnons pas dans une perception efflanquée de nous-même et d'autrui. Sortons du cadre habituel dans lequel notre rôle familial nous a emprisonné. Notre esprit de nuance nous permet d'appréhender toute la richesse du monde dans lequel nous vivons en même temps que toute celle de notre intériorité. Apprenons à manier avec habileté les nuances ; elles sont un raffinement subtil dont notre personnalité profitera pleinement.

*
* *

L'esprit de nuance constitue un premier pas vers autrui. Partons du bon pied !

23. Devenir actionnaire du temps

« La vraie force, c'est le temps. »

a) Gérons notre capital vie

L'une des erreurs les plus funestes que la plupart d'entre nous commettent est de considérer que la vie ne nécessite aucune organisation et qu'elle doit être vécue *« au pied levé »*. Une telle conception n'est pas sans conséquence et nombre de personnes souffrant d'angoisses seraient bien avisées de commencer par revoir la « gestion » de leur temps avant que d'avoir recours aux *« potions magiques »*.

Il est un fait : plus nous disposons de temps pour nos affaires quotidiennes, moins nous avons envie de les faire. Comment expliquer cela ?

L'activité est une dynamique qui nécessite un élan de départ. Nous pourrions comparer ce phénomène à une balançoire qui, pour entrer en mouvement, doit être arrachée à l'inertie. L'effort le plus difficile à fournir est celui du départ. Une fois l'impulsion donnée, le mouvement se nourrit de lui-même et nécessite toujours moins de force motrice pour l'entretien de sa dynamique.

Il en va de même pour notre vie quotidienne. Elle aussi a besoin d'une première impulsion pour nous faire émerger de l'inertie. Normalement, il nous incombe de donner cette première impulsion et pourtant c'est rarement le cas. La plupart du temps, nous préférons attendre qu'elle vienne de l'extérieur.

Sur le plan psychologique, cette attente d'impulsion s'explique par la position réactionnelle que nous avons pris l'habitude d'adopter dans notre enfance, lorsque nous étions livré à la volonté, au bon-vouloir ou à l'arbitraire de nos parents ou de nos éducateurs (« *Fais ton lit* », « *Habille-toi* », « *Ouvre ton cahier* », etc.).

Les impulsions extérieures revêtent deux aspects. Elles peuvent :

— Soit être la conséquence attendue ou inattendue d'une situation ou d'un événement (passivité, indécision, négligence...).

— Soit être le fait d'autrui (paternalisme, autoritarisme, hiérarchisation...).

La routine nous conduit à mettre en œuvre des automatismes réactionnels. Ceux-ci représentent environ 80 % de nos actes quotidiens. Notre vie est préparée, planifiée, « mâchée » de telle sorte que nous n'ayons besoin de faire preuve d'aucune originalité.

Lorsque nous nous trouvons confronté aux 20 % restants, ceux ne faisant pas appel à nos automatismes habituels, nous nous sentons totalement dépourvu et sommes amené à improviser.

En fait d'improvisation, c'est le hasard qui, dans la plupart des cas, résout le problème. Nous nous donnons l'impression d'être le décideur, mais nous ne sommes en fait que le « réacteur » de la décision.

Le hasard tombe parfois bien, parfois mal. Lorsqu'il tombe bien, nous trouvons la situation naturelle et normale. Lorsqu'il tombe mal, il laisse des traces si indélébiles que nous allons par la suite craindre et fuir toutes les situations qui, de près ou de loin, y ressemblent, sans même nous douter que si nous avions pris nous-même en charge la situation, l'issue en eut été tout à fait différente.

b) L'improvisation ne s'improvise pas

Sachons que l'improvisation ne s'improvise pas. Pour improviser, il faut être parfaitement au fait des événements et des situations et faire preuve de la plus grande vigilance. Le musicien qui improvise véritablement ne fait pas n'importe quoi. Pour improviser, il se base sur une solide connaissance de la musique. L'improvisation se fait autour d'un thème musical déjà connu et étudié à fond. C'est la parfaite connaissance de ce thème qui autorise justement l'artiste à s'en éloigner et à « improviser ».

La vie, elle non plus, ne s'improvise pas n'importe comment : elle se gère. Nous pouvons intervenir très efficacement dans les domaines suivants :

— Répartition de nos temps vitaux et de nos rythmes (travail, repos, vacances...).

— Activités (sports, loisirs, culture, découvertes...).

— Relations interpersonnelles et humaines (rencontres, invitations, sorties...).

Le seul domaine ne souffrant aucune interférence gestionnelle est le domaine amoureux. Mais ce n'est qu'en organisant et en gérant correctement notre vie quotidienne que nous pourrons ménager à notre relation amoureuse la place qui lui revient.

Plus nous agirons en gestionnaire conséquent dans tous les domaines précités, plus nous aurons loisir de nous laisser aller avec inconséquence dans notre relation amoureuse.

Il est vrai que le temps ne nous appartient pas en tant que tel, mais nous pouvons en devenir *les actionnaires*. Nous avons notre mot à dire. Ne déléguons pas notre présent et notre avenir aux faux amis que sont l'habitude et la routine. Prenons notre temps en main. Comprenons que la plupart de nos angoisses sont provoquées par le sentiment de vide et de néant qu'engendre notre manque d'organisation et de gestion de notre vie. En apprenant à organiser et à gérer notre vie professionnelle, relationnelle et culturelle et en réservant à l'amour la place qu'il mérite, nous serons moins exposé au hasard et nous n'aurons plus besoin d'accuser la fatalité et le destin de nos mésaventures.

24. Indépendance, autonomie et personnalité

L'autonomie : une aptitude à être notre propre père et notre propre mère.

a) Liberté et personnalité

Lorsque nous nous exerçons à la pratique du centrage sur soi, il n'est pas rare que nous éprouvions quelques difficultés à « affiner » notre position vis-à-vis de notre entourage. Face aux dangers que nous croyons encourir dans notre identité fraîchement acquise, nous tendons à systématiser toutes les situations relationnelles et à revendiquer un peu trop crûment notre toute nouvelle « liberté ». Les autres vivent mal ces excès intempestifs de personnalité « nouveau cru » et se sentent (souvent à juste titre) écrasés par nos « fringales libertaires ».

Plus nous avançons dans la conquête de notre personnalité, plus notre sentiment de liberté prend de l'ampleur. Néanmoins, notre liberté ne servirait à rien si nous ne lui donnions pas une direction constructive.

Nombre d'entre nous confondent liberté et « farniente ». Être libre ne veut pas dire « ne rien faire », cela signifie trouver en nous les forces créatrices nous permettant d'édifier notre vie tout en améliorant nos rapports avec les autres.

Sachons que la liberté n'est pas une valeur en soi. Elle n'accède au rang de valeur que lorsqu'elle participe à la compréhension et à l'évolution de la vie humaine. Si notre liberté ne s'associe pas à une conception créative de la vie, elle nous disperse et nous appauvrit au lieu de nous construire et de nous enrichir. **La liberté se construit comme une flèche de cathédrale : vers le haut !**

Rappelons-nous que notre gain de personnalité ne doit pas servir à nous détacher des autres et à mener une vie égoïste et personnelle, mais nous permettre, au contraire, de mieux aller vers autrui.

Il importe donc que nous apprenions à « moduler » notre personnalité de façon à établir une dialectique flottante entre nous et autrui, entre leurs besoins et les nôtres.

b) Dépendance et indépendance

L'élément « modulateur » de notre personnalité s'appelle l'*autonomie.* Nombre d'entre nous ont tendance à confondre *indépendance* et *autonomie.* Voyons donc ce qui les différencie.

Lorsque nous venons au monde, le bébé que nous sommes est totalement dépendant de ses parents et particulièrement de sa mère (9). Celle-ci doit le nourrir et lui prodiguer des soins constants afin de l'aider à survivre et à se développer.

Dans notre petite enfance ensuite, nous sommes soumis à certaines contingences familiales, sociales et scolaires auxquelles nous ne pouvons échapper. Que nous le voulions ou non, ces contingences nous rendent dépendant des adultes et nous asservissent au monde qu'ils représentent. Si nous nous plions facilement à leur autorité, tout va bien ; si nous nous révoltons contre leur arbitraire, nous sommes taxé d'enfant retors, rétif et maté en conséquence.

Au moment de l'adolescence nous commençons à manifester des velléités d'indépendance : c'est ce qu'on appelle communément l' « âge bête ». Dans cette période, nous tentons de nous dégager de l'emprise parentale pour nous tourner vers l'extérieur. Ces tentatives d'indépendance sont souvent maladroites et incertaines, mais elles n'en demeurent pas moins capitales pour nous.

Si notre entourage adulte a l'intelligence de tolérer et d'encourager notre besoin légitime d'indépendance, nous pourrons prendre pied dans le monde des adultes en ayant conscience d'avoir notre place. Nous apprendrons alors peu à peu à nous confronter aux réalités de la vie et évaluerons de façon toujours plus correcte et différenciée les règles et les lois inhérentes à la société.

---

9. On appelle cet état de dépendance enfant/mère une *symbiose.*

Si ce n'est pas le cas, soit nous nous inféodons à l'autorité parentale d'abord et à toutes les formes d'autorité ensuite, soit nous réagissons au veto parental par des « crises d'indépendance (10) » et prenons à contre-pied toutes les situations vitales que nous rencontrerons sur notre route.

Avouons-le, rares sont ceux d'entre nous qui ont eu la chance de vivre une adolescence libre et émancipative, faite d'écoute, de tolérance, de confiance et de liberté. La plupart d'entre nous doivent subir les oukases contradictoires de parents autoritaires ou indécis et lutter d'arrache-pied pour grignoter quelques quarts d'heure à leur intransigeante autorisation de sortie. Une fois adulte, le problème de l'indépendance va se poser d'une autre manière, mais demeure.

c) L'indépendance réactionnelle

Nombre d'entre nous n'ont, hélas ! pas la possibilité de développer au cours de leur enfance et de leur adolescence une perception claire de ce que doivent signifier pour eux les notions de liberté, d'indépendance et d'autonomie. Dès qu'ils peuvent prendre en main les rênes de leur vie, ils n'ont de cesse que de fuir toute forme d'attachement social, craignant pour la précieuse indépendance à laquelle ils ont enfin accédé. Le moteur principal de cette indépendance nouvellement acquise n'est pas l'action, mais la réaction. Nous l'avons appelée *indépendance réactionnelle*.

Ce qui caractérise principalement l'*indépendant réactionnel,* c'est qu'il ne laisse pas la relation s'établir entre lui et les autres. Il les tient à distance comme s'il craignait de se faire « dévorer » par eux. Ses revendications d'indépendance sont autant de murs qu'il dresse entre lui et eux. Son attitude d'ensemble peut prendre la forme d'un rejet pur et simple d'autrui *(« Je n'ai pas besoin de vous »).* Son comportement n'est pas dicté par un souci d'éman-

10. Ainsi, la fugue doit être considérée comme une tentative de l'enfant visant à couper le fil qu'il pense avoir à la patte. Ce qu'il ignore, hélas ! c'est que ce fil est dans sa tête.

cipation, mais par une fuite globale de toutes les situations relationnelles et particulièrement celles où il risquerait d'entrer en confrontation ou en opposition avec ses interlocuteurs.

En règle générale, l'*indépendant réactionnel* a bien peu de compréhension pour les besoins d'autrui ; il a pour leitmotiv : « *Ce n'est pas mon problème.* » Tant dans son environnement familial que professionnel et relationnel, il a tendance à gérer son temps aux dépens des autres et les tient ainsi à sa merci, les rendant « dépendants » de son indépendance.

Le comportement de l'*indépendant réactionnel* n'est pas du tout autogène. Au contraire. Il a besoin des autres pour assurer son indépendance. Lorsqu'il ne peut projeter son indépendance sur une personne concrète ou sur un groupe, celle-ci s'effrite. Ainsi, l'idée de devoir passer quinze jours seul chez lui tandis que sa famille est en vacances ailleurs peut le déstabiliser complètement et l'amener à adopter des attitudes totalement irresponsables et névrotiques.

Dans le pire des cas, l'*indépendant réactionnel* est un profiteur, un parasite *(« Je n'ai pas demandé à venir au monde »).* Il vit en marge de la société mais profite de tous les avantages qu'elle fournit et de tous les biens qu'elle produit.

S'il veut se doter d'une personnalité authentique, l'*indépendant réactionnel* doit, avant tout, prendre conscience qu'être « indépendant » ne signifie pas « n'être rattaché à rien » : nous sommes tous dépendants du groupe social dans lequel nous vivons et nous devons en accepter les règles dans la mesure où elles ne s'avèrent pas aliénantes pour nous.

d) Indépendance et émancipation

Heureusement, l'indépendance ne ressemble pas toujours au tableau que nous avons brossé ci-dessus. En règle générale, notre indépendance ressort d'une dynamique humaine tout à fait saine et ne constitue en fait qu'une « étape » vers notre autonomie.

L'indépendance doit être considérée comme un recul naturel que nous prenons vis-à-vis de la dépendance d'autrui. Elle est un moyen de défense que nous mettons en place lorsque nous nous sentons menacé d'asservissement (à une personne) ou d'assimilation (à un groupe). Contrairement à l'indépendance réactionnelle, celle-ci ne vise pas à rejeter les autres mais constitue une échappatoire à leurs tentatives de gâterie ou de domination.

Le fil conducteur reliant notre indépendance à notre autonomie s'appelle l'*émancipation.* L'émancipation est un phénomène tendant à supprimer les dépendances symbiotiques qui nous rattachent au monde des autres et nous font négliger ou oublier le nôtre. C'est une phase durant laquelle nous nous efforçons de faire table rase de tous les schémas aliénants (éducation, morale, croyance...) qui nous ont été transmis dans notre enfance, au profit d'une éthique de vie originale et personnelle. L'émancipation ne doit donc pas être considérée comme un état mais plutôt comme un travail culturel servant à déboucher sur l'autonomie.

e) Vers l'autonomie

La personnalité autonome est celle qui a réglé ses problèmes de dépendance. Elle a conscience d'avoir besoin des autres sans « dépendre » d'eux. Elle possède en elle des potentialités suffisantes pour pouvoir vivre aussi bien seule qu'en groupe. Comme elle est bien centrée sur elle-même, elle ne craint rien des autres et peut retourner sans cesse vers eux. Elle a appris à renoncer aux « gâteries » et aux « privilèges » de l'enfance. Elle est son propre père et sa propre mère.

Notre autonomie est une condition fondamentale de l'épanouissement de notre personnalité. Elle nous permet de laisser s'exprimer celui ou celle que nous sommes vraiment et nous fait prendre conscience de notre identité réelle. Elle nous conduit à davantage de liberté d'action, de liberté d'aimer, de liberté d'aller vers les autres. Elle est un aboutissement, aussi bien dans la personnalité que dans la force d'action.

*
* *

Retenons que :

— L'indépendance est une liberté de construire et non une façon de se disperser.

— Lorsque nous parvenons à établir une distance correcte entre nous et les autres, celle-ci, par un phénomène paradoxal, nous replonge vers eux, vers leur proximité.

— On peut être « sainement » dépendant d'un groupe dans la mesure où celui-ci nous permet d'évoluer.

— On devient autonome en retournant vers les autres.

— Trop d'indépendance traduit souvent un manque d'autonomie.

Notons enfin que, dans notre société, on aurait tendance à assimiler l'indépendance au monde de l'homme et l'émancipation à celui de la femme. N'en croyons rien. L'indépendance *et* l'émancipation sont deux étapes par lesquelles l'un et l'autre doivent passer pour accéder à l'autonomie.

25. Réapprendre l'altruisme

Une curiosité de l'autre.

De nos jours, quand on prononce le mot « altruisme », on se sent un peu « boy-scout ». A ce terme, on associe volontiers des maximes telles que : « *Tout le monde est beau, tout le monde est gentil* », « *Aimez-vous les uns les autres* », « *Si on te frappe sur la joue gauche, tends la joue droite* »... tandis que partout autour de nous règnent la violence, l'agressivité, l'hypocrisie, la duplicité et la sempiternelle idée fixe : « *Qu'est-ce que j'ai à y gagner ?* »

Pourtant, si nous nous efforcions un instant de faire abstraction de l'acception « judéo-chrétienne » de ce terme et de l'emploi social et littéraire qu'on en a fait, nous nous apercevrions que l'altruisme est bien davantage qu'un simple « engagement désintéressé » pour autrui et qu'il nous permet de déboucher sur une conception de vie autrement plus féconde et plus pleine.

a) Qu'est-ce que l'altruisme ?

Plus qu'une simple attitude généreuse envers autrui, l'altruisme est une qualité émanant du plus profond de l'être humain.

Au cours des millénaires, les hommes ont été amenés à se solidariser afin de mieux faire face aux dangers extérieurs et on peut supposer que l'altruisme s'est progressivement inscrit dans leur code génétique. Il est permis de penser qu'il n'est donc pas uniquement une acquisition culturelle de l'homme, mais qu'il « préexiste » en nous.

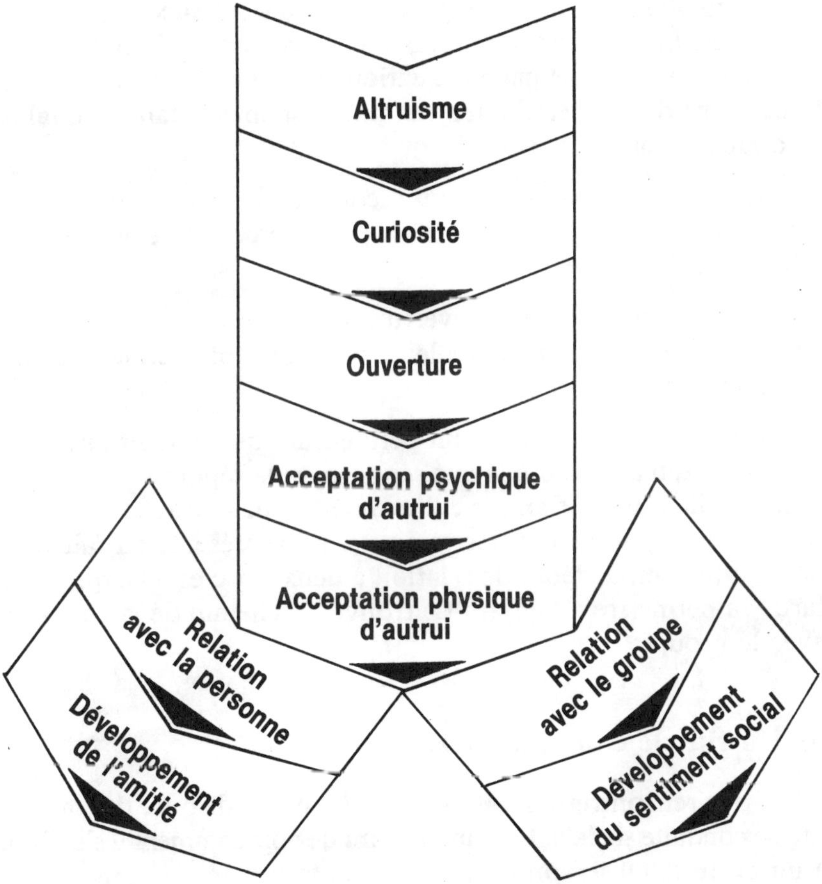

L'altruisme trouve essentiellement son expression dans la curiosité, mais il convient de distinguer *curiosité de laboratoire* et *curiosité de l'autre.*

— La première est cette sorte d'intérêt curieux que nous manifestons pour tel phénomène physique, telle observation scientifique, telle équation algébrique...

— La seconde, en revanche, est une curiosité passionnée de ce que l'homme « est » véritablement, de ce qu'il pense, ressent, fait, exprime, veut, attend ; elle est une curiosité de ses problèmes et de ses échecs, de ses craintes et de ses angoisses, aussi bien que de ses combats et de ses engagements, de ses succès et de ses conquêtes. Pour le comprendre, il faut l'étudier avec l'œil du cœur, car l'homme ne se met pas en équation. Tenter de l'y mettre reviendrait à restreindre et limiter ce qui, justement, fait sa qualité d' « Homme ».

Ceux qui voudraient n'avoir recours qu'à la *curiosité de laboratoire* n'auraient que peu de chances de percevoir ce qu'est véritablement l'altruisme.

L'altruisme est une « ouverture » vers les autres. Il pourrait être comparé à une sorte de veilleuse qui, pour fonctionner, devrait être allumée du dehors.

Cela commence par le tout petit enfant qui tend les bras vers sa mère et qui attend d'elle une réponse. Si la réponse lui est donnée, la veilleuse s'enflamme et l'ouverture sur l'autre (en l'occurrence la mère) se réalise. Cette ouverture représente en fait bien plus qu'un simple début de relation à deux car c'est elle qui, plus tard, va permettre à l'enfant de trouver le chemin de la cohésion avec le groupe.

b) Un rite de conduite sociale

Pour rencontrer les autres, le petit enfant dispose de tout un rite de conduite sociale. Il est intéressant de voir comment il s'intègre à un groupe. Observons-le :

Lorsqu'il va vers les autres, il se présente comme un prêtre se tournant vers ses paroissiens, mains basses et paumes en avant. Il se montre en position d'être sans défense, exposant son corps en entier, les mains en avant, attendant.

S'il perçoit un regard, un geste d'invite, il vient se joindre au groupe en « tortillant », ne sachant pas encore s'il va être accepté. Mais on sent qu'il se demande si chacun de ses gestes est adéquat. Petit à petit, il s'intègre au groupe avec des gestes « neutres » qui, s'ils sont bien acceptés, vont lui permettre de prendre place dans la communauté. Progressivement, il essaiera ensuite d'introduire d'autres gestes qui lui seront plus personnels.

Ce genre de comportements, que l'on retrouve chez la plupart des enfants, est presque celui d'un animal que l'on apprivoiserait et qui arriverait vers nous avec de grands yeux, aux aguets, prêt à partir et prêt à venir.

c) Un passeport pour une vie sociale authentique

Unc fois devenu adulte, nous perpétuons ces rites sociaux avec plus ou moins de bonheur. Si nous n'avons pas reçu la réponse lorsque, tout petit enfant, nous tendions les bras vers notre mère, si nous avons vécu dans une société, un milieu par trop répressif, si beaucoup de portes se sont fermées devant nous au lieu de s'ouvrir, alors nous n'aurons pas pu vivre l'expérience fondamentale de l'altruisme dont, pourtant, nous portions les germes en nous.

Si tel est le cas, nous nous voyons confronté à une alternative : soit nous choisissons de faire l'apprentissage ou le réapprentissage de l'altruisme, soit nous choisissons de ne pas le faire.

Si nous optons pour la seconde solution, notre aptitude altruiste ne pourra pas se développer correctement. Elle tournera, au mieux, à la simple et anodine « sociabilité ». Nous rencontrerons bien sûr des gens émanant de la même classe sociale et intellectuelle que la nôtre, entretiendrons des relations avec eux (prendre un verre, discuter, plaisanter...) et échangerons des idées conformes à ladite classe sociale et intellectuelle. Mais ce ne seront que des poncifs, rien de plus. En outre, à l'instar de la société dans laquelle nous vivons, nous estimerons que l'intérêt pour autrui est malpoli et déplacé, qu'il ne faut surtout pas se mêler des affaires des autres et nous nous achèterons une bonne conscience en « donnant » pour la Croix rouge et la Ligue contre le cancer. Notre altruisme s'arrêtera là. Il faut bien reconnaître que la plupart d'entre nous adoptent cette attitude et s'en contentent car l'altruisme n'est pas une conduite « payante ».

Si, en revanche, nous choisissons de faire ce réapprentissage, l'altruisme va se révéler pour nous un véritable passeport pour notre compréhension de la vie sociale et des rapports humains. Il va nous amener vers l'approfondissement d'une foule de choses que nous ressentions confusément mais dont nous ne soupçonnions pas l'existence. En particulier, il va faciliter notre intégration aux groupes sociaux et nous permettre de réaliser l'une des expériences les plus précieuses qu'on puisse rencontrer, celle que l'on ne peut trouver que loin des conduites intéressées, profitables et payantes : **l'amitié.**

d) Montrons aux autres ce que nous sommes et non ce qu'ils sont

Il en va de l'altruisme comme de toutes nos conduites sociales, à savoir qu'**il faut commencer par donner si nous voulons recevoir** et donc commencer par porter attention aux autres si nous voulons qu'ils portent attention à nous.

Ceci est une règle incontournable : si nous ne faisons pas le premier pas vers les autres, eux non plus ne le feront pas vers nous. En d'autres termes, il s'agit de faire une offre d'emploi, une proposition : « *Voilà, j'ai ceci, est-ce que tu le veux, est-ce que cela t'intéresse ?* »

Si nous adoptons l'attitude contraire, partant du principe rigide et inflexible selon lequel il appartient aux autres de faire le premier pas vers nous, nous faisons fausse route. Si nous persistons dans cette voie, nous n'aurons aucune chance de rencontrer les autres dans une relation profonde, authentique et durable.

Il nous appartient de montrer à autrui qui nous sommes, dans quel monde nous vivons, ce que nous faisons, pensons et ressentons. Les autres détestent qu'on leur dise ce qu'ils sont ou ne sont pas ; ils n'aiment pas davantage qu'on remette en question leur personnalité, leur identité, leur situation. Ils désirent savoir ce que nous sommes par rapport à eux et non l'inverse : cela leur permet de nous situer et de se situer eux-mêmes face à nous. Efforçons-nous de commencer par décliner notre propre identité ; n'attendons pas que ce soit les autres qui le fassent.

Attention ! Il ne s'agit pas d' « assommer » les gens en les assaillant d'une foule de détails qui ne concernent que nous, sans jamais leur laisser le temps d'exprimer à leur tour leur propre vision du monde ; il ne s'agit pas davantage d'adopter un comportement d'enfant gâté, vaniteux, égocentrique, nombriliste, personnaliste, ne cherchant qu'à se mettre en vedette et se moquant éperdument des autres. Il convient seulement de trouver un juste milieu entre soi et les autres, tout en ne perdant pas de vue que c'est nous qui devons faire le premier pas vers ce juste milieu.

QUATRIÈME PARTIE

La construction de notre personnalité

26. Rôle et personnalité

On n'entre pas dans une personnalité comme dans un moulin.

a) L'art de la personnalité

La force d'attraction émanant de certaines personnes semble souvent le reflet d'une supériorité exclusive réservée aux grands personnages intemporels. A côté d'eux, nous éprouvons la déprimante sensation qu'une telle brillance de personnalité ne nous sera jamais accessible et restons secrètement convaincu que notre vie ne pourra jamais se résumer à autre chose qu'à l'incessante répétition d'un rôle étriqué et suranné remontant à notre enfance. Cela n'est pas exact.

A une époque où les médias font littéralement voler en éclat les canons de la réussite, nous ne pouvons rester dans cette erreur. Sachons qu'au plus haut niveau de la hiérarchie sociale comme au plus bas, il n'est pas un seul chef d'État, pas un seul patron, une seule star de télévision, un seul directeur d'école, un seul médecin, un seul chef de service qui ne perçoive, à un moment ou à un autre, la nécessité de construire ou d' « asseoir » le personnage qu'il veut « présenter » à autrui.

Les plus sensibles et les plus intelligents trouvent en eux-mêmes le personnage qu'ils souhaitent « camper » et développent autour de lui le « mythe » approprié. Les autres s'en remettent à des organismes spécialisés qui se chargent, au moyen de cours de maintien, d'élocution, de persuasion... de créer, de développer et « promouvoir » le personnage *ad hoc*. Quant à nous, nous restons généralement ébahis et rêveurs devant ces « personnalités » sans penser un instant que tout ce qui se déroule devant nos yeux n'est, la plupart du temps, que pure mise en scène.

b) Notre premier rôle remonte à l'enfance

Lorsque nous venons au monde, nous prenons place dans une constellation familiale préexistante. Celle-ci peut se réduire à sa plus simple expression (un père, une mère, un éducateur...), correspondre à la cellule familiale de base (un père et une mère) ou compter de nombreuses personnes (grands-parents, parents, oncles et tantes, enfants...). Dans cette constellation, chaque adulte assume une fonction et tient un rôle (mère poule, père patriarche, autorité...).

Si nous sommes le seul enfant de la famille, nous développons un profil d'enfant unique. Si nous sommes plusieurs, notre profil tiendra compte des paramètres spécifiques de la fratrie envisagée.

La répartition des rôles (gentil, méchant, sensible, indiscipliné, rêveur, chamailleur, éternel incompris...) s'établit en fonction des disponibilités et des affinités respectives de chacun des enfants. Si un rôle est déjà occupé par l'un, il est bien rare qu'un autre opte pour le même. Ainsi, en admettant que l'aîné d'une famille de quatre enfants ait été amené à adopter le rôle de gentil rêveur, il se

La répartition des rôles s'établit en fonction des disponibilités et des affinités respectives de chacun des enfants...

pourra que le cadet choisisse celui du chamailleur indiscipliné, que le puîné trouve son terrain de prédilection dans une sensibilité musicale et que le benjamin se réfugie dans l'amour des animaux.

En règle générale, les parents pensent que la diversité de caractère de leurs enfants (et, au-delà, de leur personnalité) tient à la différence des méthodes d'éducation utilisées. Cela est en grande partie inexact. Ce n'est pas tant la différence de méthode d'éducation de l'enfant qui détermine son « rôle de base » que la place qu'il est amené à occuper dans sa constellation familiale et dans sa fratrie. L'enfant ne choisit pas son rôle de base ; il le « compose » à partir des paramètres qu'il trouve en arrivant dans la fratrie.

Une fois adulte, nous tendons à perpétuer dans notre vie sociale le rôle que nous jouions dans notre enfance, sans tenir compte du fait que notre environnement humain a totalement changé. Cela n'est pas sans conséquence car, le temps aidant, notre « rôle » a drainé et amalgamé beaucoup d'idées reçues, de clichés familiaux et de comportements communs n'ayant plus aucun rapport avec notre personnalité propre.

c) Rôle et personnalité

Nombre d'entre nous confondent *rôle* et *personnalité*. Leur vie durant, ils croient en toute bonne foi exprimer leur personnalité alors qu'il ne s'agit, en fait, que de l'incessante répétition d'un « rôle de vie » appris dans leur enfance. Voyons donc la distinction qu'il convient d'établir entre ces deux notions.

Nous avons dit plus haut que l'enfant ne choisit pas son « rôle de base », mais que celui-ci correspond à un créneau disponible dans la constellation familiale. Cependant, comme il n'évolue pas exclusivement dans sa seule constellation familiale, il est amené à développer pratiquement autant de rôles qu'il peut vivre d'expériences.

Si les parents laissent l'enfant s'exprimer librement dans sa vie sociale extérieure (école, patronage, club de sport, colonie...), il peut laisser cohabiter en lui cette pluralité de rôles et découvrir différentes facettes de lui-même (1). A l'inverse, s'ils découragent, répriment ou interdisent tous les rôles non familiaux, l'enfant reste fixé sur son seul rôle familial et colle à une seule et unique image de lui-même.

En règle générale, lorsque nous vivons dans une famille permettant un épanouissement « normal » de l'enfant, le développement de notre personnalité passe par les phases suivantes :

— Jusqu'à l'adolescence, nous sommes principalement tenu aux deux rôles familial et scolaire.

— A partir de l'adolescence, nous laissons se multiplier en nous (de façon encore peu différenciée) les rôles sociaux que nous découvrons. Nous nous « cherchons » au véritable sens du terme.

— Arrivant à l'âge adulte, notre tâche consiste alors à nous « trouver », c'est-à-dire à gommer, éliminer tous les rôles inadéquats et superflus qui encombrent notre personnalité et masquent notre identité.

— Les rôles restants constituent l'entité synergétique de notre personnalité et en deviennent indissociables.

Précisons un point important : s'il est vrai que la personnalité est la résultante synergétique de l'ensemble de nos rôles personnels, n'oublions pas que notre entourage, notre milieu social, notre environnement culturel restent, eux aussi, décisifs : ce sont eux qui, pour l'essentiel, nous font progresser ou régresser dans notre personnalité.

d) Une « vitrine » de notre personnalité

Nous avons vu que du plus haut au plus bas de l'échelle sociale, nous étions tous obligés de composer un rôle et de camper un personnage. Ne laissons pas au hasard le soin d'improviser un personnage flou, incohérent, inadapté ou non viable. Mettons nous-

1. Les enfants sont beaucoup plus flexibles que les adultes ; ils ne craignent généralement pas cette pluralité de rôles, au contraire. S'il ne tenait qu'à eux, ils les laisseraient le plus naturellement possible cohabiter en eux.

même en chantier un personnage clair, ouvert, cohérent, différencié, un personnage qui tienne compte de la réalité et de l'actualité en même temps que de nos possibilités et de nos ressources insoupçonnées.

Il importe peu que nous soyons un homme génial ou une femme hors du commun si nous gardons notre personnalité « dans notre poche ». Ne bridons pas notre personnalité sous les prétextes d'une humilité ravageuse et destructrice. N'ayons pas de fausse pudeur, comprenons que nos rôles ne sont pas forcément mensonges ou hypocrisie, mais qu'ils sont les « vitrines » de notre personnalité.

Chacun de nous ne deviendra pas forcément président de la République, ministre, patron ou directeur d'école. Mais ne passons pas d'un extrême à l'autre. Cessons de nous comporter comme s'il était écrit dans le ciel que notre personnalité doive se limiter, notre vie durant, à la triste répétition d'un rôle de base acquis dans l'enfance.

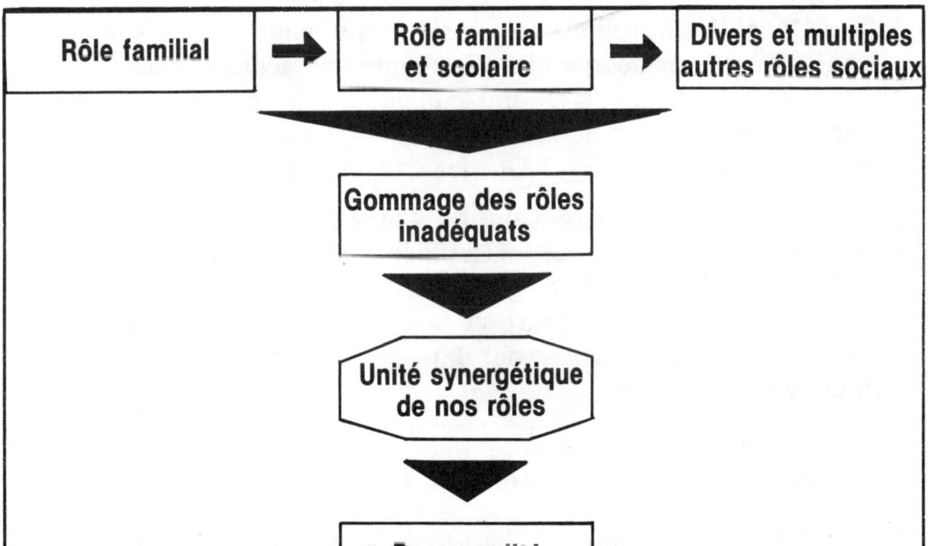

La personnalité est un composit émotionnel synergétique des rôles que nous retenons pour nôtres.

e) Un pari impossible ?

Lorsqu'un artiste crée, il tient à chaque fois un « pari impossible » : faire émerger de son pinceau, de son maillet, de sa plume une *œuvre d'art,* c'est-à-dire une pièce unique et irreproductible.

Toutefois, il faut bien dire que la réalisation d'un objet d'art exige non seulement un sens artistique particulier mais aussi la prise en compte d'un certain nombre de problèmes de technique, de gestion, d'organisation... Ainsi, lorsqu'un sculpteur désire créer une statue, il est confronté à plusieurs problèmes. Il doit déterminer la matière dans laquelle il souhaite réaliser son œuvre, décider du genre et du style envisagé, en supputer les dimensions, évaluer le temps dont il dispose, etc. Devant cette série de problèmes, il évalue chaque élément en fonction de son style et de son inspiration, bien sûr, mais aussi en fonction des contingences extérieures (le matériau est-il approprié à ce genre de sculpture ? ne va-t-il pas se briser, gonfler, changer de volume ou de forme ?...).

Dans l'élaboration de notre personnalité, nous sommes confronté aux mêmes questions que notre sculpteur, à savoir : Quel type de personnage correspond le mieux à notre personne ? Quels sont les avantages et les inconvénients du type recherché ? Quels objectifs peut-il réaliser ? Quelles en sont ses limites ?...

Si nous ignorons tout des capacités et limites du type envisagé, nous risquons de mettre en place un personnage inapproprié qui se révélera friable et fragile. C'est pourquoi il convient d'étudier soigneusement le genre et la dynamique des personnages s'offrant à nous. Nous verrons dans les pages suivantes comment nous y prendre.

f) Composition ou substitution ?

Nous avons souligné la nécessité de composer un personnage cohérent et viable, tenant compte à la fois de nos limites (actualité, réalité) et de nos capacités (connues ou insoupçonnées). Un autre point important est de veiller à ce que la composition de ce personnage soit réalisée progressivement. Il ne saurait en effet être question de « substituer » sans autre forme de procès un personnage à un autre. Rappelons-nous que si nous avons jusqu'à présent campé le personnage que nous sommes, c'est qu'il correspondait à un besoin intérieur crucial. De plus, n'oublions pas qu'il représentait — quoique névrotiquement — la clé de voûte de notre ancienne personnalité.

Notre travail ne doit pas consister à détruire celui que nous sommes et que nous avons été durant les dix ou vingt dernières années. Il doit plutôt viser à construire à côté de celui-ci l'autre « nous-même », celui que nous avons toujours ressenti confusément en nous mais qui n'a jamais pu ni émerger ni s'exprimer du fait de l'inflexibilité et des interdits imposés par le premier.

L'édification de cette autre personnalité à côté de la première est tout à fait possible. En laissant temporairement cohabiter en nous ces deux personnalités, nous nous garantirons une certaine sécurité du connu et pourrons en même temps implanter dans notre environnement émotionnel les nouveaux points de repères indispensables à l'équilibre de notre mécanisme psychique. Petit à petit, le temps aidant, nous prendrons l'habitude d'avoir recours aux nouveaux rôles tandis que nos anciens mécanismes névrotiques, perdant progressivement leur utilité, seront délaissés et abandonnés avant que d'être définitivement relégués aux archives.

N'oublions pas que tout ce qui constituait notre ancienne personnalité n'est pas forcément « bon pour la ferraille ». Même la personnalité la plus névrotique comporte en elle de nombreux talents et de nombreuses qualités dont il serait regrettable de ne pas profiter.

Retenons que :

— Pour accéder à une personnalité plus riche, plus épanouie, il faut apprendre à faire le deuil de notre rôle familial de base car il ne convient plus à la situation d'adulte que nous vivons.

— Nos rôles sont la « vitrine » de notre personnalité. C'est au vu de cette vitrine que les autres décideront, ou non, de faire le pas vers nous.

27. Écrire une histoire de notre propre Moi

« Un arsenal de solutions. »

Les réflexions qui vont suivre relevant maintenant du domaine tout à fait pratique et concret, il nous semble utile de rappeler les deux critères de conception et d'édification de notre personnalité dont il a été question plus haut, à savoir :

— Notre personnalité est une entité émotionnelle synergétique des rôles que nous retenons pour nôtres.

— C'est elle qui rythme nos rôles, elle qui, en dernier ressort, leur confère leur juste mesure et leur « authenticité ».

Cela étant admis, voyons maintenant comment procéder à la « mise en place » de notre personnalité.

a) Quelle image d'ensemble ?

Nos carences de personnalité étant dues, la plupart du temps, à des mécanismes d'infériorisation et de culpabilisation, il s'agira dans tous les cas d'apprendre à développer un Moi fort, se basant sur un projet de vie concret et sur une personnalité aussi transparente que possible.

Qu'est-ce qu'un Moi fort ? Contrairement à ce que nous pourrions penser, un Moi fort n'est pas un Moi dur, intransigeant, inflexible, carapacé et égoïste. Un Moi fort est avant tout un Moi capable de reconnaître ses faiblesses et ses limites ; c'est un Moi « sondable », flexible et évolutif, capable de se projeter dans l'avenir tout en gardant les « pieds sur terre » et de profiter de toutes les occasions de se développer et de s'enrichir au contact d'autrui.

Qu'est-ce qu'un projet de vie concret ? C'est un plan de vie dans lequel nous sommes prêt à investir le meilleur de nous-même. Dans l'idéal, notre projet de vie devrait inclure les objectifs suivants répartis en quatre stades :

— *Premier stade* (préliminaire) : combattre les stress, supprimer les angoisses, acquérir la volonté de changer.

— *Deuxième stade :* nous épanouir dans notre vie professionnelle, entretenir des relations interpersonnelles agréables, vivre une relation sentimentale heureuse et équilibrée.

— *Troisième stade :* écouter, dialoguer, évoluer, éveiller courage, solidarité, compréhension.

— *Quatrième stade :* nous responsabiliser, devenir productif, laisser s'exprimer notre créativité, savoir profiter des loisirs, être à l'écoute de nos enfants.

Qu'est-ce qu'une personnalité transparente ? C'est une personnalité qui ose dire son nom, qui « affiche » son identité. Une personnalité non axée sur un idéal du Moi impossible à atteindre, mais sur un Moi réaliste, cohérent, courageux et optimiste. Une personnalité « claire » avec elle-même, qui sait se montrer telle qu'elle est, avec toutes ses capacités, ses compétences, ses qualités, ses points forts, mais aussi tous ses défauts, ses faiblesses, ses imperfections, ses incompétences et ses manques.

L'image d'ensemble en faveur de laquelle nous plaidons n'est ni celle d'un *écraseur des autres* ni celle d'un *écrasé*. Elle se situe à juste distance de nous-même et d'autrui ; elle n'est ni trop centrée sur nous-même (personnalité égoïste), ni trop centrée sur les autres (personnalité abnégative).

b) Image d'identification personnelle et mythe du personnage

A partir de notre *image d'ensemble*, nous allons devoir choisir notre *image d'identification personnelle*, celle que nous conserverons de façon constante devant les yeux et qui nous servira de référence chaque fois que nous commencerons à douter de nous-même. Le choix de cette image d'identification va nécessiter une sélection « serrée » car tous les caractères étant dans la nature, toutes les images d'identification sont en principe possibles (2). A

2. Attention ! On ne peut pas gagner sur tous les tableaux ; chaque image a forcément son revers et ses travers.

nous de peser, de jauger, d'évaluer notre personnage. A nous d'en écrire mentalement l'histoire, l'autobiographie. Les gens aiment les histoires, racontons-leur la nôtre, mais pas n'importe laquelle.

*

* *

Une fois notre image d'identification sélectionnée et notre histoire « mentalement » écrite, nous devons identifier, authentifier le personnage que nous voulons faire passer auprès des autres en « collant » sur notre histoire le mythe correspondant.

Souvenons-nous : nous avons insisté sur la nécessité d'écrire l'histoire intime de notre propre Moi, afin de déterminer pour notre propre usage le type de personnage que nous souhaitions voir naître en nous. Cette histoire, cependant, ne vaut que pour nous. Nos proches attendent une histoire différente, plus simple, plus claire, plus caricaturale, basée sur des clichés à l'emporte-pièce, des trames susceptibles d'être retenues facilement. Il faut donc que nous leur offrions la possibilité de retenir les grandes lignes du personnage qu'ils rencontrent et dont ils vont « colporter » (et donc forcément déformer) l'image auprès d'autrui. Plus que d'une simple histoire, c'est d'un véritable « mythe » dont il s'agit ici : un mythe qui fera parler de nous, qui sera suffisamment étonnant pour retenir l'attention et suffisamment crédible pour authentifier notre personnage.

Attention ! Un mythe étant, par définition, une histoire tombée dans le domaine de la propriété collective, le mythe de notre histoire, une fois lancé, ne nous appartient plus à part entière. Il appartient aux autres, à nos proches, à ceux qui l'alimentent et le font vivre. La seule latitude qui nous reste est de le reconfirmer régulièrement afin qu'il reste dynamique et ne se fige pas en une nature morte.

Un dernier point : les autres, comme nous-même, ont tendance à avoir recours aux clichés réductifs et aux « passe-partout sociaux ». Veillons donc à ce que notre histoire fluctue toujours un peu « au-delà » de la réalité. Le mythe nous y autorise.

Écrivons l'histoire intime de notre propre Moi afin de déterminer le type de personnage que nous souhaitons voir naître en nous. Choisissons le mythe qui fera parler de nous.

28. Choisir le héros

Lorsque nous pensons en terme d'identité ou de personnalité, la première question qui nous vient à l'esprit est : « *Qui aimerions-nous être* », c'est-à-dire, quel type de héros voulons-nous pour l'histoire qui est la nôtre. A ce stade, une seule alternative s'impose à nous : opter pour le *gentil* ou le *méchant*. Mais, posons honnêtement la question : « *Qui choisirait sciemment d'opter pour le méchant ?* »

Si nous nous trouvions directement confronté à cette question, nul doute que nous répondrions sans une minute d'hésitation : « *Je choisis le gentil* », tant nous aurions mauvaise conscience de nous identifier au *méchant*. Pourtant, si la psychologie du *gentil* est rassurante, celle du *méchant* n'est pas toujours aussi négative que nous pourrions l'imaginer. Avant d'opter pour l'un ou l'autre de ces personnages, examinons-en de plus près les psychologies respectives.

29. Le gentil

« *Il avait bon cœur mais faisait payer cher ses services.* »

a) Le faux gentil et le vrai

Qui ne s'est jamais entendu répondre à la question embarrassante qu'on lui posait sur l'impression qu'avait produite sur lui telle ou telle personne affichant un extraordinaire manque de personnalité : « *Elle est très gentille.* » Avouons-le : certaines personnes semblent de tels « déserts de personnalité » que nous ne trouvons rien d'autre à exprimer à leur propos.

Mais où nous situons-nous lorsque nous exprimons un tel point de vue ? Ne faisons-nous pas nous-même preuve de « gentillesse » envers cette personne ? En n'osant pas critiquer ouvertement sa personnalité, ne nous montrons-nous pas justement « gentil » vis-à-vis d'elle ? Ne cherchons-nous pas à éviter de paraître « méchant », glacial ou cinglant ? Il faut bien admettre que tel est le cas. Cette constatation nous conduit à établir l'existence de deux types de gentils :

Le **faux gentil**, jugé « gentil » par les autres faute de qualités plus marquantes. La carence de personnalité de ce type de gentil est évidente, elle saute aux yeux. Elle ne lui est pas directement imputable mais provient de son enfance, de son éducation, du milieu dans lequel il a vécu... Le faux gentil ne se fait aucune illusion sur lui-même tant il ressent la différence de personnalité entre lui et les autres. Il souffre beaucoup de cette carence et tente généralement de la compenser par des attitudes rigides et inflexibles (militantisme, bigoterie, perfectionnisme, maniaquerie...).

Le **vrai gentil**, ou « gentil pas méchant », est celui qui, par sa gentillesse, cherche à éviter de nuire à autrui. C'est un caractère positif. Il n'y a pas grand-chose à dire sur cette personnalité si ce n'est qu'elle doit comprendre que si la gentillesse est la plupart du temps considérée comme une valeur dans notre société, elle n'est pas forcément et toujours une qualité en soi. Tous les problèmes ne se règlent pas par la seule gentillesse. Au contraire, il arrive même fréquemment que celle-ci soit à la base de défauts tels que l'hypocrisie, l'affabilité, la servilité, la lâcheté...

*
* *

Que le *faux gentil* sache que son « désert de personnalité » n'est ni définitif, ni rédhibitoire, ni irréversible ; il peut en sortir. Pour cela, il doit apprendre à se connaître, à découvrir sa véritable identité, à s'affirmer en tant que personne.

Que le *vrai gentil*, lui, sache que lorsque sa gentillesse devient une qualité par trop prédominante, il peut arriver que les autres, au lieu d'en tirer profit, soient amenés à en faire les frais.

b) La séduction

Ce qui caractérise avant tout le *gentil* (le vrai), c'est sa capacité à développer autour de lui une atmosphère douce, feutrée et rassurante. Dans la mesure où il cultive un véritable sens de la gentillesse et non pas un simple manque d'intérêt pour son prochain, le gentil dispose d'un atout majeur : la séduction.

La séduction est une tentative de rapprochement visant à développer des sentiments positifs vis-à-vis des autres afin d'être aimé d'eux. Elle suppose l'établissement de relations privilégiées de type « interindividuel ».

Le rapport de séduction est un rapport de privatisation de l'autre. C'est une manœuvre « intimiste » pour amener autrui à pénétrer dans notre sphère, ce qui nous évite d'avoir à nous projeter nous-même dans l'incertitude du grand monde.

c) Les cartes de la séduction

Sur le plan psychologique, la séduction est une tentative de personnalisation symbiotique des rapports entre une personne (le séducteur) et une autre (la personne séduite). Nous sommes donc en droit de penser qu'elle ressort d'une « tactique psychologique » bien définie. Il est indispensable que nous apprenions à nous familiariser avec cette tactique. Examinons-en les rouages et tentons d'en évaluer les forces et les faiblesses.

La politique de séduction suppose l'utilisation simultanée de plusieurs cartes et non le recours à une seule. Plus nous utilisons de cartes, plus notre séduction est dense et percutante. L'idéal serait de les employer toutes, mais il est permis de penser que face à une politique de séduction outrancière, notre personnalité résonnerait d'une certaine facticité.

Les cartes de la séduction sont de deux natures : elles font appel soit à des qualités extérieures, soit à des qualités intérieures. Les unes sont ouvertes, visibles, généralement plutôt percutantes, les autres plus feutrées, plus intimistes. Les principaux paliers de la séduction abordés ci-dessous figurent dans un ordre de difficulté croissante.

— L'**aspect extérieur** : la première arme à laquelle nous avons recours lorsque nous voulons séduire une personne réside dans notre aspect extérieur. Cela peut paraître une « lapalissade », mais il est un fait que si nous refusons de « soigner » notre aspect extérieur, il y a peu de chances que nous puissions être vécu comme séduisant par l'autre. Dans ce domaine, tout compte : démarche, allure, maintien, voix, coiffure, efforts vestimentaires... Tous ces détails, qui peuvent paraître anodins, sont perçus très précisément par les autres. Si nous y prêtons attention, ils seront reçus par nos proches comme de véritables cadeaux, tandis que si nous les ignorons ou les négligeons, ils seront vécus comme une provocation. Toutes les personnes ayant une vie publique soignent leur apparence, leur « look ». Ne négligeons pas le nôtre.

— L'**attrait physique** : la seconde carte réside dans notre attrait physique. Ce type de séduction constitue une carte un peu plus arbitraire que le précédent. En effet, il n'est pas donné à tout le monde de jouir d'un physique d'athlète ou de star. Cependant,

La politique de séduction suppose l'utilisation de plusieurs cartes. Plus nous en utilisons, plus notre séduction est dense et percutante.

il en va du physique comme de l'aspect extérieur, il est fortement conditionné par la manière dont nous l' « habitons ». Si nous rejetons notre physique (parce que disgrâcieux, non harmonieux, ingrat...), ce rejet s'en ressent sur toute notre personne et, par voie de conséquence, sur toute notre personnalité. Il vaut souvent mieux tenter de « composer » avec un physique disgrâcieux que de le rejeter en bloc.

— Le **côté authentique** : lorsque nous ne disposons ni d'un aspect extérieur avenant ni d'un physique particulièrement agréable, nous pouvons séduire notre entourage en jouant la carte de l'authenticité. Nous avons recours à ce type de séduction lorsque, ne disposant pas suffisamment d'atouts extérieurs, nous voulons nous démarquer des autres par une attitude « hors du commun ». Il semble cependant que cette carte ne soit payante que lorsqu'elle est accompagnée d'une autre carte de séduction plus percutante.

— La **pureté** : il est une autre carte allant souvent de pair avec l' « authenticité » : il s'agit de la « pureté ». Cette qualité fait principalement appel au sentiment de délicatesse et de fragilité. Elle évoque une certaine idée d'abnégation et de renoncement. Elle est séduisante par son caractère exceptionnel en même temps que par le mystère dont elle s'entoure. La pureté n'étant pas monnaie courante en ce monde, les personnes qui en sont empreintes ou qui y ont recours trouvent généralement toute notre admiration, même si cette attitude leur confère un air de sainteté qu'on pourrait facilement assimiler à la naïveté. La pureté constitue souvent un bon moyen de séduction, car la personne séduite aura tendance à vouloir prendre ce fragile séducteur sous sa généreuse protection.

— **Parler « profond »** : voici encore une attitude de séduction à laquelle il nous arrive d'avoir recours lorsque notre personnalité tend à s'exprimer à pas « feutrés ». Les discussions profondes ne pouvant pas avoir lieu avec le commun des mortels, ce type de séduction fait appel à une certaine forme d'élitisme, un détachement du vulgaire, un désir de s'éloigner des préoccupations matérielles pour ne se fixer que sur l'essence des choses. Une telle séduction est gratifiante car elle nous confère une « aura » d'intelligence sensible et différenciée et nous éloigne de la « fange » humaine restante.

— **Choquer un peu** : un autre moyen de séduction, plus percutant celui-là, réside dans l'aptitude à bousculer légèrement l'ordre établi et à « choquer gentiment » les autres. Il s'agit ici de jouer sur le registre de l'inhabituel et de l'inattendu. Lorsque la vie de tous les jours se fait trop routinière, nos proches ne détestent pas d'être secoués un peu. La dynamique ainsi créée apporte un léger piquant à leur vie et leur permet de sortir de leur torpeur. C'est le type même de la séduction à laquelle ont recours les mass media (couverture de revues, manchettes, titres...) ; il est également beaucoup utilisé dans le monde de la télévision. Attention, cette séduction fonctionne sur un registre très sensible : il n'y a qu'un pas entre « choquer un peu » et « agresser beaucoup ».

— Le **paradoxe** : l'utilisation du paradoxe constitue probablement le summum de la séduction. Il consiste à utiliser à fond tous les registres et les contre-registres de cette attitude. Il fait appel à toutes nos qualités, bien sûr, mais aussi à tous nos défauts que nous entendons exploiter à fond. La séduction paradoxale relève du grand art : si elle n'est pas parfaitement maîtrisée, elle tombe à plat ou verse dans l'agressivité.

d) Les dangers de la séduction

Après avoir passé en revue les divers avantages qu'offre la séduction, il convient maintenant d'en définir les limites. Il est vrai que la séduction est une « attitude sociale » tout à fait normale à laquelle nous sommes tous contraints d'avoir recours lorsque nous voulons approfondir nos relations particulières avec quelqu'un. **Tous les rapports humains sont basés sur la séduction.**

Cependant, il serait illusoire de penser que cette attitude puisse tenir lieu de personnalité. Elle n'en est qu'un « accessoire », rien de plus. Son utilisation excessive comporte certains dangers pour notre personnalité. Le principal en est qu'elle est un jeu relationnel superficiel basé sur l'apparence et sur le « plaire ».

La séduction ressort d'un mécanisme psychique basé non sur l'action, mais sur la réaction d'autrui. En effet, le séducteur ne peut œuvrer qu'avec une personnalité disposée à se laisser séduire. Lorsque, cédant à la facilité, nous développons une tendance excessive à la séduction et que celle-ci devient le moteur exclusif de nos relations interpersonnelles, elle finit paradoxalement par former une « carapace » autour de nous et nous empêche d'établir des relations « vraies » avec les autres.

La séduction peut faciliter nos échanges interpersonnels. Nous sommes tous sensibles aux efforts qu'une personne déploie pour nous être agréable et pour nous plaire. Rappelons-nous cependant que lorsque nous y avons recours de façon excessive, cette attitude nous dessert au lieu de nous servir.

30. Le méchant

« Pas méchant, juste incisif. »

De même que nous avions établi deux types de *gentils*, il convient maintenant de distinguer deux sortes de *méchants*. Nous avons vu dans le chapitre précédent que la psychologie du *méchant* n'était pas toujours aussi négative que nous pourrions l'imaginer. Voyons donc de quoi il retourne.

a) Le vrai méchant

Le *vrai méchant* se rencontre heureusement assez rarement. La plupart du temps, la méchanceté n'est pas un choix délibéré, une option de vie, mais la conséquence malheureuse d'un ensemble de circonstances touchant essentiellement à l'enfance. La méchanceté n'est, en fait, rien de plus que le négatif de la gentillesse. Elle ressort des mêmes intentions profondes, des mêmes motivations, des mêmes buts : être remarqué par les autres et, en fin de compte, être aimé. Le mode de pensée du *méchant* est : « *Puisque je ne peux pas me faire remarquer de façon positive, j'attire votre attention par mon côté négatif.* »

La méchanceté est un désir de régler de façon plus ou moins cachée des comptes avec les autres. Le *méchant* correspond généralement au type de la personnalité gâtée : ses velléités visent à la satisfaction immédiate de tous ses besoins. Dans sa conquête des autres, il ne sait pas tenir compte des impératifs progressifs de séduction et de coopération qui sont à la base de tous les rapports humains.

La palette d'expression du *méchant* va de la simple médisance au pire sadisme en passant par toutes les teintes de la vindicte, la malintention, la malveillance, la malfaisance, la dureté, la haine, la brutalité, la cruauté...

Sur le plan psychologique, le *méchant* est un être faible souffrant de sentiments d'infériorité et d'incompréhension qu'il compense par des attitudes vindicatives ou agressives. Sa force du Moi est carentielle et complètement inadaptée aux contingences de la vie sociale.

Le *méchant* doit savoir que sa méchanceté n'est ni définitive ni rédhibitoire ; elle n'est pas innée mais acquise durant l'enfance. Le « gêne de la méchanceté » n'existe pas.

La palette d'expression du méchant va de la simple médisance au pire sadisme...

Il faut aussi qu'il sache que la méchanceté procédant d'une dynamique en forme de spirale, s'il persiste dans son attitude, il engendrera toujours davantage d'incompréhension et d'intolérance autour de lui. En revanche, il pourra utiliser la force qu'il investit dans la malveillance et l'agressivité en la mettant au service d'un vrai Moi fort et d'une personnalité généreuse, transparente et constructive.

b) Le faux méchant

Il est une autre catégorie de méchants, plus particulière : il s'agit du *faux méchant*. Disons-le d'emblée : nous appartenons tous, de temps à autre, à cette catégorie.

Le *faux méchant* est celui qui dit tout haut ce que les autres pensent tout bas, celui qui tranche les situations ambiguës, celui qui prend sur lui d'ouvrir les conflits lorsque la guerre des nerfs fait rage... bref, le *faux méchant* n'est pas un *méchant* à proprement parler, mais un dérangeur des autres et de l'ordre établi.

La fausse méchanceté relève non pas de l'agressivité ou du sadisme, mais de la perception subjective que chacun de nous se fait de la vie. Ainsi, les uns pourront juger « méchant » un acte que les autres estimeront naturel et banal, et *vice versa*. En partant de ce point de vue, il est aisé de qualifier de « gentil » tout ce qui relève de l'obéissance, de la soumission, de l'harmonie et de l'assimilation... et de « méchant » tout ce qui apparaît inhabituel, particulier ou exceptionnel. Toutes les qualités humaines sortant de l'ordinaire, telles que l'action, la conquête, l'effort, l'envie, l'ambition, l'orgueil... peuvent être vécues comme « méchantes » par ceux qui prônent une existence humble, discrète, effacée et retirée.

c) Le faux méchant dans une société violente

Nous avons vu dans la première partie de cet ouvrage que la morale judéo-chrétienne de notre société nous amenait à réprimer la violence naturelle résidant en chaque être humain et que celle-ci trouvait forcément une voie d'échappement dans l'agressivité. Cela ne veut pourtant pas dire que nous soyons obligés de jouer ce jeu indéfiniment. Tant que nous restons dans l'ignorance du travail de laminage auquel se livre la société sur notre personnalité, il est normal que nous réagissions aux diverses pressions exercées sur nous par des crises d'agressivité. Sachons cependant que l'agressivité n'est pas le seul moyen auquel nous puissions recourir pour laisser s'exprimer notre personnalité. **On peut être « percutant » sans être agressif.**

d) Jouer l'agressivité

Lorsque nos proches sont trop habitués à notre gentillesse, il arrive qu'ils abusent de la situation et qu'ils dépassent le seuil du raisonnable. Généralement, au lieu d'intervenir, nous laissons la situation empirer et attendons l'ultime moment pour réagir. Hélas ! cette politique de l'attente produit la plupart du temps un véritable déluge, sans aucune commune mesure avec l'incident qui en est à l'origine.

Pourtant, si au lieu d'attendre la goutte qui fera inexorablement déborder le vase nous anticipions la *situation d'agression* et leur montrions où se situe notre *seuil de tolérance*, nous éviterions que nos divergences de points de vue et nos dissensions ne « glissent » sur des champs de bataille secondaires et préviendrions ainsi un nombre incalculable de stress.

Pour ce faire, nous pouvons avoir recours aux méthodes traditionnelles (politique du retrait, de la rancœur, de l'intimidation, de la vengeance...) ou choisir de « prévenir plutôt que guérir » en montrant aux autres, sur le mode du « jeu », ce dont nous serions éventuellement capable si la situation l'exigeait. Cette méthode, qui fait appel au paradoxe, a pour but de **jouer** l'agressivité afin de ne pas avoir à la **vivre**.

Que veut dire « jouer l'agressivité » ?

— Sur un plan psychologique, cela signifie trouver la juste mesure entre la politique du gentil (esprit conciliant, compréhensif, tolérant...) et celle du méchant (divergence de points de vue, capacité au conflit...).

— Sur un plan pratique, « jouer l'agressivité » signifiera par exemple : s'amuser à jouer le parent autoritaire, faire semblant de hausser le ton et de froncer les sourcils pour des situations futiles, se réprimander soi-même sur un ton professoral, ou encore monter en épingle des situations banales de sorte que la montagne, de toute évidence, n'accouche que d'une souris.

Ces « jeux d'agressivité » d'apparence tout à fait anodine sont importants car ils tombent malgré tout dans l'oreille de nos interlocuteurs et les habituent à prendre en compte tous les octaves de notre personnalité et non uniquement notre « côté » gentil et inoffensif. Ajoutons que, parallèlement, de tels jeux d'agressivité nous renforcent « gratuitement » dans des images inhabituelles de nous-même et nous reconfirment dans la pluralité de nos rôles.

*
* *

e) Plaidoyer pour le faux méchant

En résumé, retenons que le *vrai gentil* n'est pas toujours aussi gentil qu'on l'imagine. La gentillesse n'est pas une valeur en soi. Elle ne devient une « qualité » que lorsqu'elle s'accompagne d'attitudes plus profondes et plus déterminées. Nous jouissons tous d'un « bon sens » suffisamment aiguisé pour reconnaître en nous nos rôles excessifs ou erronés. A nous de composer une palette plus équilibrée, plus nuancée à partir de laquelle nous pourrons donner à notre personnalité le piquant de la vie sans lui en communiquer l'acidité. **Soyons complice de nos rôles, mais n'en soyons jamais dupe.**

A l'inverse, comprenons que toutes les attitudes allant à contre-courant de l'ordre établi ne traduisent pas forcément un caractère méchant. Au contraire, il faut même un certain courage pour montrer à autrui une image de soi ne correspondant pas systématiquement au passe-partout du *gentil.*

Lorsque nous sommes nous-même confronté à l'alternative du *gentil* ou du *méchant*, n'optons donc pas infailliblement pour le premier. Demandons-nous d'abord si nous affichons réellement un *vrai méchant* ou si le *faux méchant* que nous exprimons ne recèle pas, en fait, un *vrai gentil.*

31. Mise en dynamique du personnage

« Les mots habillent les actes. »

a) Apprendre à dire non

La tendance obsessionnelle à l'harmonie, la compulsion d'obéissance et la recherche perpétuelle d'intégration caractérisant l'homme de la société d'aujourd'hui le rendent la plupart du temps quasi inapte à affronter les situations de crises auxquelles la vie le confronte.

La faculté de trouver un juste équilibre entre adhésion et objection suppose que nous soyons tout aussi capable de réfuter que d'harmoniser.

Sous le couvert des exigences de la vie sociale, nous sommes amené durant notre enfance d'abord, au cours de notre vie d'adulte ensuite, à laminer sans cesse notre personnalité la rendant ainsi conforme au passe-partout social du citoyen moyen.

La plupart du temps, nous réagissons à ce laminage forcé par des attitudes agressives et des crises d'autorité que nous faisons subir à ceux de notre entourage que nous sentons plus faibles que nous (généralement les enfants), à moins que nous n'ayons recours aux diverses autres « soupapes de compensation » que met à notre disposition la société (alcoolisme, tabagisme, recours aux pharmacopées...). En outre, ce laminage nous empêche de distinguer clairement ce qui ressort de la « maxime de nos désirs » et ce qui relève d'un diktat d'harmonie sociale. Nous approuvons tout sans distinction, consentons à toutes les situations, même les plus inadmissibles, au nom d'une sacro-sainte harmonie et finissons même, souvent à notre insu, par accepter l'inacceptable.

Il nous arrive parfois de prendre conscience de cet état de chose, mais le désordre régnant la plupart du temps dans notre vie intérieure nous empêche de transformer cette prise de conscience en une politique effective de changement.

Pourtant, si nous savions combien notre personnalité souffre de cette assimilation, il ne fait aucun doute que nous réagirions au plus vite et entamerions l'apprentissage ou le réapprentissage du « non ».

Pourquoi un tel apprentissage est-il nécessaire ? La réponse à cette question ne saurait se résumer en une phrase. Nous avons essayé, tout au long de ce livre, de faire comprendre au lecteur que nos rapports avec autrui étaient caractérisés par un mouvement incessant du « *prendre* » et du « *donner* » et que lorsque l'un de ces deux éléments prenait trop de poids par rapport à l'autre, la libre fluctuation de ce mouvement dialectique ne pouvait plus avoir lieu et nos relations interpersonnelles se dégradaient.

La faculté de trouver un juste équilibre entre adhésion et objection, approbation et désapprobation, assentiment et dissentiment, bref entre une politique d'ouverture et une politique de fermeture, suppose que nous soyons tout aussi capable de réfuter, récuser et nier, que de temporiser, harmoniser et abonder tous azimuts.

b) S'amuser à dire non

Si l'idée du « non » est relativement aisée à concevoir, elle est émotionnellement beaucoup plus difficile à concrétiser. C'est la raison pour laquelle nous attendons les situations limites pour *exploser* notre refus au lieu de l'*exposer* souverainement. Comment, dans de telles conditions, s'entraîner à dire « non » sans retomber systématiquement dans les situations émotionnelles rédhibitoires, celles-là mêmes qui sont responsables de notre incapacité au refus ?

Parmi les « ficelles psychologiques » auxquelles nous pouvons avoir recours pour apprendre à dire « non », celle qui nous semble la plus payante consiste à « *s'amuser à dire non* ». En effet, où trouver de meilleures situations émotionnellement non chargées que dans le jeu ?

Entraînons-nous à dire « non » là où nous dirions « oui » alors que nous pensons le contraire, et lorsque la situation ne nous y oblige pas encore. Comme pour le « jeu de l'agressivité », nous pourrons, par le « jeu du refus » nous familiariser avec l'intonation si spécifique de la négation ; nous apprendrons aussi à la moduler de telle façon que nos interlocuteurs perçoivent notre refus, non comme une négation d'eux-mêmes mais comme l'expression d'un désaccord qui ne concerne que l'objet de notre transaction.

Attention ! Il est un point important sur lequel il convient de veiller. Ce « jeu du refus » ne s'avérera payant que s'il est accompagné d'un fond émotionnel positif envers les autres. Nous avons vu dans le chapitre concernant l'*apprentissage du conflit* que celui-ci passait par l'aptitude première à coopérer avec autrui. Il en va de même pour notre aptitude au refus : elle aussi doit passer par une acceptation fondamentale des autres, de ce qu'ils sont, de ce qu'ils font, de ce qu'ils pensent, faute de quoi notre « jeu du refus » aura vite fait de tourner à l'agressivité.

32. Paradoxes et induction

« La peur de l'abandon fait qu'on le provoque. »

a) Le jeu des paradoxes

Nous avons vu tout au long de cet ouvrage que la vie nous confrontait parfois à des situations inattendues qui débouchaient sur autre chose que ce à quoi nous pouvions logiquement nous attendre. On appelle cela des *situations paradoxales*. Mais le paradoxe n'est pas forcément et uniquement extérieur à nous : nous aussi pouvons produire par nos paroles, par nos actes, par nos réactions, par nos rencontres, des situations paradoxales.

Le paradoxe étonne par le contresens, le contre-courant, voire même la contradiction qu'il recèle, inspire ou révèle. Lorsqu'il est bien pratiqué, il équivaut à un véritable art de la communication. Il pourra donc occuper une bonne place dans notre « panoplie médiatique » et alimenter la dynamique de notre personnalité.

L'intérêt du paradoxe réside dans la contradiction qu'il sous-tend. Celle-ci crée un phénomène d'inattendu qui « déconnecte » provisoirement nos interlocuteurs et les rend, pour un instant, perméables. Le jeu du paradoxe consiste précisément à faire passer notre message auprès de nos interlocuteurs durant ce court laps de temps, avant qu'ils ne s'aperçoivent qu'ils ont été « téléguidés » et tentent de reprendre les rênes de l'échange interpersonnel.

Du point de vue de notre personnalité, le paradoxe trouve son milieu de prédilection dans l'expression de nos faiblesses. En effet, l'art du paradoxe consiste souvent à transformer ce qui pourrait, de toute évidence, passer pour des faiblesses en quelque chose de rare et d'inhabituel nous conférant un certain lustre ou une certaine puissance. En d'autres termes, il nous permet de passer d'une image négative à une image positive (ou *vice versa*) en fonction de la situation et du but poursuivi.

b) Je fais mal la cuisine, mais bien les câlins

En dehors des situations humoristiques, le paradoxe pourra être utilisé avec profit pour désamorcer les attaques verbales ou les agressions dont nous pouvons être l'objet.

L'un de nos défauts les plus couramment répandus, et en même temps l'une de nos erreurs les plus funestes, consiste à vouloir à tout prix nous justifier et nous défendre lorsque notre interlocuteur exprime un point de vue qui n'engage que lui, émet une réflexion personnelle ou nous adresse un reproche. Là, tout dépend de notre sensibilité : certains d'entre nous s'envoleront en éclats dès le premier sous-entendu tandis que d'autres ne se formaliseront pas, même du reproche le plus virulent.

Quelle que soit la catégorie à laquelle nous appartenions, sachons qu'il existe des techniques de désamorçage basées sur le phénomène paradoxal auxquelles nous pouvons avoir recours lorsque le besoin se fait sentir. Nous allons en passer quelques-unes en revue.

— **Le paradoxe de comparaison** : ce paradoxe consiste à mettre en balance la situation ou l'événement incriminé par notre interlocuteur avec une autre situation ou un autre événement n'ayant strictement aucun rapport avec le premier. Par exemple : « *La nuit, il fait plus froid que dehors.* » Nous pouvons constater dans ce paradoxe que la nuit n'a aucun rapport avec dehors. En effet, la « nuit » appelle la notion de « jour », de même que « dehors » celle de « dedans ».

Prenons un autre exemple plus concret : Mme Dupont se voit reprocher par son époux son manque de talents culinaires. Elle peut réagir de deux manières :

— Soit elle se met en colère et renvoie à son mari une phrase bien sentie, ce qui risque de produire une escalade d'agression si ce dernier enchaîne sur une réponse désobligeante.

— Soit elle choisit d'avoir recours à une réponse paradoxale du type : « *Oui c'est vrai, je fais mal la cuisine, mais en revanche, je fais bien les câlins.* » Une telle réponse aura pour conséquence de désamorcer le conflit et générera la plupart du temps l'humour ou le fou rire.

— **Le paradoxe d'approbation** : ce paradoxe s'appuie sur l'aspect inattendu de la position que nous adoptons face à un commentaire, à une réflexion ou à un reproche qui, de toute évidence, a pour but de nous faire réagir ou sortir de nos gonds. C'est le genre de politique que nous pouvons adopter face à une personne visiblement susceptible, irascible ou agressive. Le paradoxe d'approbation se base sur trois paliers : approuver, démonter et rectifier.

— Le premier consiste à désamorcer l'engagement conflictuel dans lequel notre interlocuteur veut nous entraîner en approuvant ce qu'il dit et en lui donnant raison.

— Le second consiste à reprendre avec nos propres mots, point par point, ce qui vient d'être dit, en levant avec diplomatie le voile sur les faiblesses de l'argumentation de notre interlocuteur.

— Le troisième consiste à rectifier ce qui a été dit et à conclure à l'inverse de l'argumentation émise par celui-ci sans lui témoigner la moindre vindicte.

Le paradoxe d'approbation s'établit sur trois paliers : approuver, démonter, rectifier.

Le paradoxe d'approbation pourrait être comparé à l'affabilité légendaire qui anime les Asiatiques dans leurs rapports avec autrui. Par exemple : 1. « *Votre point de vue est très intéressant...* » 2. « *Cependant, si vous me permettiez d'ajouter un commentaire personnel...* » 3. « *Par conséquent, tout en tenant compte de votre intéressant point de vue...* »

Il est évident que le but recherché ici est d'éviter tout conflit ouvert avec notre interlocuteur afin de ne pas ébranler l'harmonie de la relation ou mettre en danger la transaction envisagée. Pour ce faire, nous acceptons de prendre sur nous tous les torts en attendant d'amener l'autre à la position souhaitée.

c) L'induction

Il est un autre grand type de paradoxe faisant essentiellement appel au contre-courant, à l'inattendu et à la surprise : il s'agit de l'induction.

En fait, toutes les relations interhumaines sont basées sur ce principe. Que nous agissions, n'agissions pas ou réagissions, nous induisons toujours quelque chose par notre attitude vitale : une curiosité, une compassion, une irritation, une rancœur... Cependant, il faut bien constater que nos inductions restent la plupart du temps à l'état sauvage. Si nous apprenions à les apprivoiser, il est certain que nous nous sentirions mieux armé pour nous défendre lorsqu'un interlocuteur nous provoque ou nous agresse.

Dans nos relations quotidiennes avec les autres, nous nous efforçons d'user de souplesse, de flexibilité, de discrétion et de diplomatie. Lorsque notre interlocuteur est correct, il est aisé d'établir une relation dans laquelle chacun va trouver son compte. Cependant, lorsque ce n'est pas le cas et que nous sommes confronté à un *écraseur d'autrui*, il convient d'établir un autre type de relation nous permettant de nous préserver ou de nous protéger de lui en neutralisant ses tentatives de manipulation ou d'écrasement. Pour ce faire, nous allons avoir recours à l'induction.

Qu'est-ce que l'induction ?

— Sur un *plan psychologique*, l'induction est une technique de communication paradoxale consistant à anticiper les situations difficiles au lieu de les éviter, c'est-à-dire à verbaliser les choses avant qu'elles ne soient exprimées par les autres ou à provoquer l'événement qui nous menace avant qu'il n'éclate sur notre tête, bref à désamorcer les situations pouvant se révéler explosives.

— Sur le *plan pratique*, l'induction est la capacité dont nous disposons tous d'amener une personne à adopter envers nous un type de comportement que nous aurons nous-même choisi et non celui qu'elle nous destine (par exemple en « téléguidant » l'agressivité qu'elle aurait l'intention de nous faire subir). Il s'agit donc d'un renversement de situation dans lequel celui qui devrait faire les frais de la manipulation contre-attaque. Le manipulateur devient à son insu le manipulé. Tel est pris qui croyait prendre.

Parmi les multiples formes d'inductions, nous en avons relevé deux parmi les plus marquantes : il s'agit de l'*induction d'élaboration* et de l'*induction d'intervention*.

— L'**induction d'élaboration** est utilisée pour véhiculer l'image que nous voulons que les autres aient de nous. Souvenons-nous, c'est à cette technique que nous avons eu recours lorsqu'il s'est agi d'authentifier le personnage que nous voulions valider auprès des autres en collant sur notre « image d'ensemble » et sur notre « image d'identification » le « mythe » approprié. Ce type d'induction ayant déjà été largement abordé dans le chapitre *Écrire une histoire de notre propre Moi*, nous n'en dirons pas plus ici.

— L'**induction d'intervention** constitue une alternative aux moyens de défense traditionnels auxquels nous avons habituellement recours lorsque nous nous sentons attaqué. L'une de nos principales sources de mésentente et de conflits réside dans notre susceptibilité et notre incapacité à reconnaître nos défauts ou nos erreurs et à en encaisser le coup. Il suffit parfois d'une remarque des plus anodines pour que nous prenions la mouche. Pourtant, si nous parvenions à devancer, ne serait-ce que d'une demi-seconde, notre interlocuteur en nous chargeant nous-même de ce dont il va probablement nous accuser, son jugement négatif et blessant n'aurait pas le temps d'être exprimé et nous ne nous sentirions pas remis en cause ou blessé par lui.

Pour ce genre de situation, deux types d'inductions s'avèrent très efficaces :

— Le premier consiste à mettre dans notre propre bouche ce que les autres pourraient mettre dans la leur avant qu'ils n'aient eu le temps de le faire. Par exemple : « *Vous me trouverez certainement prétentieux, pourtant...* » ou « *Vous allez penser que je suis stupide, mais...* ».

— Le second consiste à avoir recours à l'autodérision en exprimant un point de vue manifestement inapproprié à notre personne, puis en le faisant suivre de ce que nous voulons vraiment montrer de nous-même. Par exemple : « *Moi qui ne suis qu'un bon et brave paysan illettré...* » ou « *L'humble analphabète que je suis...* ».

Cette technique d'induction possède deux avantages : d'une part, elle nous permet, ainsi que nous l'avons dit, de ne pas nous sentir directement remis en cause par l'autre, d'autre part, en nous « affublant » ainsi de la faute, notre excès d'humilité conduit presque systématiquement notre interlocuteur à relativiser lui-même la situation qui risquait de poser problème *(« Mais non, ce n'est pas si grave... »).*

*
* *

Retenons que nous pouvons induire chez les autres un certain comportement à notre égard (respect, étonnement, admiration...). Cette aptitude, nous la possédons tous à un degré ou à un autre, quelles que soient nos limites, nos faiblesses et nos défauts.

La technique de l'induction peut faire des merveilles. Entraînons-nous chaque fois que nous le pouvons. Laissons vivre et s'exprimer en nous nos paradoxes et nos contradictions ; cela nous permettra en même temps de mieux accepter ceux des autres. Nos premiers essais ne seront peut-être pas concluants, mais persistons malgré tout et notre sens de l'à-propos se mettra progressivement en place. N'oublions pas que « *le ton fait la chanson* » !

33. Pluralité de l'identité et de la personnalité

« Un mirage d'unicitude... »

a) Nous ne possédons pas une mais deux mille identités

L'erreur majeure se situant à la base de la plupart de nos problèmes d'identité et de personnalité réside, nous l'avons vu, dans notre certitude invétérée d'être uniquement et exclusivement ce que nos parents et nos éducateurs ont fait de nous. Cette perception erronée nous fige sur une seule, immuable et monolithique « vérité » de nous-même et nous conduit à adopter des comportements correspondant fidèlement à la fiche signalétique jadis établie par nos parents. Cette politique funeste nous conduit à nous cantonner dans une série d'images restrictives allant au détriment de notre personnalité.

Nous repoussons avec un fol effroi l'idée d'une prolifération sauvage de nos identités et omettons, ce faisant, de tenir compte du fait que c'est justement la cohabitation en nous d'une multitude d'identités qui nous préserve de troubles de la personnalité beaucoup plus graves. En effet, plus nous laissons s'exprimer la pluralité de nos identités, moins nous avons besoin d'avoir recours à des tendances schizoïdes. En revanche, plus nous nous cantonnons dans l'expression d'une seule et unique identité, plus nous avons besoin de trouver une échappatoire à ce « *mirage d'unicitude* » dans un dédoublement de notre personnalité. Il convient donc de considérer la pluralité de nos identités comme une garante de notre identité d'ensemble et, par conséquent, de notre santé psychique.

Comprenons que nous ne disposons pas d'une mais de deux mille (3) identités. Chacune représente une facette de notre être profond. Ne nous condamnons pas à une seule et monolithique perception de nous-même (une famille, un métier, une maison, une voiture...). Une telle image, si frêle et si fragile, ne saurait faire le poids face à l'extraordinaire complexité du monde et de la vie humaine.

Notre personnalité a besoin de s'alimenter aux multiples sources des possibilités humaines. Si elle ne peut le faire, elle s'atrophie et se sclérose. Donnons-lui la nourriture dont elle a besoin pour se régénérer et s'épanouir : les *expériences*. Ce sont elles qui enrichissent notre horizon cognitif, elles qui décuplent nos perceptions vitales, elles qui nous permettent de rester en phase avec la réalité, elles qui sont à la base de notre force du Moi.

b) Considérons-nous comme une personne à part entière

Notre personnalité est une entité composée de mille et mille facettes. Tout s'y retrouve : nos qualités et nos défauts, nos envies

3. Nous avons, bien sûr, choisi ce nombre au hasard ; nous aurions aussi bien pu prendre 500, 1 000 ou 2 500... Il s'agit simplement d'insister sur le grand nombre de nos identités possibles.

et nos pulsions, nos ambitions et nos limites... Cependant, lorsque nous ne nous sentons pas bien dans notre peau, que nous versons dans le pessimisme ou que nous tombons dans le défaitisme, nous avons tendance à oublier notre « personne entière » pour ne plus nous fixer que sur un aspect restrictif ou carentiel de celle-ci. C'est comme si toute notre vie passée, présente et à venir se réduisait soudain à cette seule et unique *facette noire* et que nous reléguions à l'arrière-plan toutes les *facettes blanches* qui, pourtant, continuent d'exister même si nous ne les percevons plus.

Ainsi une femme jolie, intelligente, mais complexée par la différence d'âge entre elle et son compagnon pourra transformer cet état de chose en une véritable idée fixe et réduire sa vie à néant *(« Puisque j'ai trois ans de plus que lui, il préfère forcément les femmes plus jeunes que moi »)*. Ou encore un homme brillant, sportif, d'un contact facile, mais actuellement célibataire pourra être amené à dénigrer tout ce qui, par ailleurs, contribue à sa personnalité et fait son charme *(« Puisque je n'ai pas de compagne, je ne vaux rien »)*.

De toute évidence, ces personnes ne parviennent pas à se considérer en tant que « personne » à part entière. Se sentant incapables d'obtenir satisfaction sur le point faible en question, elles réduisent toute leur enfance, leur éducation, leurs efforts d'adulte à zéro et, ce faisant, omettent tout ce qui par ailleurs pourrait les rendre intéressantes et attractives aux yeux des autres.

Sur le plan psychologique, une telle attitude traduit la plupart du temps la présence d'un Moi ténu, un manque de confiance en soi et un évident besoin d'attirer la compassion d'autrui.

Cette politique négative n'est, hélas ! pas sans conséquence. Loin de renforcer la position de la personne au sein du groupe, elle produit l'effet contraire et contribue souvent même à son rejet par les autres qui la vivent comme un « noir corbeau ».

Sachons qu'il est possible d'inverser ce processus. Ceux d'entre nous qui souffrent de tels comportements doivent absolument rééduquer et réorienter leur regard sur eux-mêmes et apprendre à ne plus voir leur vie à travers le seul prisme du négativisme systématique. En outre, ils doivent comprendre que les facettes négatives qu'ils donnent à contempler aux autres induisent en retour une attitude négative à leur égard. En jetant un œil différent et plus juste sur eux-mêmes, ils seront amenés à établir des relations interpersonnelles plus correctes avec les autres.

La prédominance de facettes noires ou blanches reste aussi et malgré tout une question de décision. N'ayons pas d'yeux que pour nos côtés négatifs. Entraînons-nous à mettre au moins aussi souvent en valeur nos facettes blanches. En d'autres termes, ne restons pas coincé sur une seule petite parcelle d'identité défaillante, lacunaire ou carentielle mais apprenons à considérer notre personne « en entier ».

c) Laissons « flotter » notre identité

Dans notre sempiternel souci de conformisme et d'obéissance aux diverses autorités sévissant autour de nous, nous nous plaçons toujours, avons-nous dit, dans la perspective d'une seule, exclusive et fatidique réalité de nous-même. Nous nous sentons constamment tenu d'avaliser nos positions, de justifier nos divergences, d'expliquer nos différences et ne nous laissons aucun droit à l' « écart ». Nous nous astreignons de répondre aux questions qui nous sont posées sans même réfléchir à leur validité ni à l'obligation qui nous est faite d'y répondre. Nous avons le sentiment de toujours devoir décliner une identité précise sous peine de passer pour un menteur ou un imposteur.

Rien cependant ne nous contraint à jouer ce jeu. Lorsque nous ne nous sentons pas sûr de la position que nous voulons adopter face à un problème ou à une situation donnée, nous ne sommes pas obligé d'exprimer « immédiatement » notre intention ni d'afficher notre *identité finale*. Nous disposons également d'une *identité de l'instant* (4).

---

4. Cette identité est « flottante » et peut évoluer aussi bien en amont qu'en aval de notre identité finale.

Confronté à un événement délicat ou à un problème épineux, ne fonçons pas tête baissée en affichant directement notre *identité finale*. Notre *identité de l'instant* peut suffire. Cette politique nous évitera de prendre définitivement position sur des points sujets à modification et empêchera surtout les autres de nous placer dans des situations d'ultimatum.

Rares sont les situations nous imposant d'afficher immédiatement notre *identité finale*. N'ayons pas peur, ne craignons pas de laisser flotter notre identité, attendons le plus longtemps possible avant que de l'afficher. **Ne jouons pas avant notre tour.** Nous réduirons ainsi une bonne partie des affrontements spécifiques aux champs de bataille secondaires.

34. Organisons notre identité

En avant, toute !

Si nous avons bien compris et intégré les indications et les conseils qui ont été donnés depuis le début de cet ouvrage, nous devrions commencer à y voir un peu plus clair et à nous sentir moins démuni face au labyrinthe de notre identité et de notre personnalité.

Le chapitre qui va suivre traite de l'organisation pratique de notre identité au *quotidien singulier* et au *quotidien pluriel*. Cependant, avant que d'aborder par le menu ces deux thèmes, il nous a semblé judicieux de nous attarder un instant sur la philosophie d'ensemble qui devrait inspirer notre politique de changement.

Nous avons insisté dans les chapitres précédents sur l'importance d'anticiper les situations avant qu'elles ne viennent nous surprendre en éclatant de façon inattendue à notre face. Il est bon que nous nous exercions à cette attitude car, la vie étant un processus dynamique dirigé vers l'avant, il s'agit d'une politique à laquelle nous sommes amené à avoir recours dans nombre de situations quotidiennes.

La vie : un processus dynamique dirigé vers l'avant.

Notre dynamique vitale pourrait être comparée aux disciplines sportives : il n'en existe aucune qui soit « intentionnée » vers l'arrière. Toutes sont dirigées vers l'avant : tennis, équitation, ski... sont autant de sports nécessitant une attitude d'*avant*. Lorsque parfois le mouvement se trouve inversé vers l'arrière (rugby, judo, karaté...), c'est pour mieux redistribuer ensuite l'effort vers l'avant.

La vie, au même titre que le sport, doit être considérée comme une « discipline ». Celle-ci peut être bien ou mal pratiquée, faire appel à des techniques plus ou moins éprouvées, avoir recours à des valeurs plus ou moins fiables... mais quelles que soient la pratique, les techniques et la fiabilité des valeurs, souvenons-nous que **c'est la position « en avant » de l'homme qui fait la différence.**

Comment acquiert-on la position *en avant* ? En organisant avec soin son quotidien singulier et son quotidien pluriel. C'est ce que nous allons faire maintenant.

35. Organiser son identité au quotidien singulier

a) Apprenons à sentir notre Moi dans les petites expériences

La première exigence à laquelle nous allons devoir nous soumettre pour organiser notre identité est d'apprendre ou de réapprendre à « sentir » notre Moi. Ce processus se limitera d'abord aux expériences les plus simples et les plus anodines afin de nous mettre en confiance (moi face aux objets de la maison, moi face aux passants de notre rue, moi face aux événements de notre ville...), puis s'étendra progressivement à des expériences plus compliquées, voire plus exceptionnelles (moi face à autrui et au groupe, moi dans la vie, dans le monde...). Cet apprentissage nous semblera sans doute primaire, indigne de nous, de notre niveau ou de notre rang social. Ravalons nos crises d'orgueil et ne mettons pas la charrue avant les bœufs.

Que nous soyons manutentionnaire, agriculteur, médecin ou huissier de justice, nous devons tous passer par là si nous souhaitons acquérir, développer et épanouir une véritable personnalité. Il ne servirait à rien de mesurer immédiatement notre personnalité aux grands problèmes de la vie ; cela nous conduirait inexorablement à une situation d'échec.

b) Respectons nos rythmes

Un autre point sur lequel il convient de porter notre attention est le respect de nos rythmes vitaux. Lorsque la roue de la vie nous entraîne dans son sillage, nous avons tendance à la suivre sans discernement et à perdre de vue nos propres besoins.

Nos rythmes vitaux ponctuent notre quotidien singulier. Chacun de nous possède les siens propres. Rien ne permet d'affirmer que tel rythme est meilleur que tel autre : les uns pourront être trépidants mais totalement creux, tandis que d'autres seront plus lents mais plus efficaces. L'essentiel est de trouver des rythmes vitaux (travail, loisir, repos, sport, culture...) qui nous conviennent tout en restant suffisamment dynamique pour permettre à notre évolution de se poursuivre. Ne les prenons pas à la légère. Ce sont eux qui ponctuent notre devenir et qui fournissent à nos efforts la constance nécessaire à leur réalisation correcte.

c) Ni le calme ni l'hystérie ne sont des valeurs en soi

En règle générale, lorsque nous sommes confronté à un problème, nous avons tendance à réagir de deux manières : soit nous nous efforçons de rester calme et placide (politique du *gentil*), soit nous versons dans un comportement de type hystérique (politique du *méchant*). S'il est vrai que la colère n'est jamais bonne conseillère, il ne faudrait cependant pas croire que le « calme olympien » soit forcément et toujours plus approprié. Il convient de distinguer *calme extérieur* et *calme intérieur*.

— Le **calme extérieur** est cette sorte de calme, d'indifférence que nous affichons dans l'intention évidente de faire sortir notre interlocuteur de ses gonds. Factice et superficiel, généralement destiné à faire croire à l'autre qu'on est très sage et souverain alors qu'on est, de toute évidence, traversé d'autant d'angoisses et d'incertitudes que lui, le calme extérieur révèle à l'analyse une politique d'agressivité par inertie, donc une politique de refus.

— Le **calme intérieur**, à l'inverse, est une attitude tout à fait positive car elle est empreinte de sérénité et de pondération, de maîtrise et de sang-froid. Notre attitude de calme intérieur n'agresse pas notre interlocuteur. Au contraire, elle contribue à désamorcer les tensions en lui permettant de mieux se situer par rapport à nous. En ce sens, le calme intérieur peut être considéré comme une véritable attitude dynamique, basée non sur des refus, comme c'est le cas pour le calme extérieur, mais sur des décisions résolument souveraines. Il nous permet d'aborder avec sérénité les problèmes mais ne nous empêche pas de « *monter aux créneaux* » lorsque la situation l'exige.

d) Se secouer tout en étant « gentil » avec soi-même

La conquête de notre personnalité est un processus dynamique. Il va donc falloir bousculer les priorités, modifier les orientations, réadapter les comportements, rééquilibrer les objectifs... bref, se secouer afin d'assainir ou rassainir toutes les situations embourbées dans le marécage des habitudes et de la routine. Autant dire qu'un tel bouleversement représente une véritable petite révolution dans notre vie.

Faisons malgré tout attention à ne pas « pécher par excès inverse ». Ne nous infligeons pas des résolutions trop difficiles à tenir ni des rythmes trop harassants. De tels extrêmes ne sont pas souhaitables, et cela pour deux raisons : la première est qu'il est rare que nous arrivions à poursuivre longtemps un tel calvaire ; la seconde est qu'une telle attitude ne saurait aller dans le sens dans lequel nous concevons une évolution et un épanouissement de notre personnalité.

Apprenons à nous remuer, certes, mais apprenons aussi à respecter nos besoins. Soyons ferme avec nous-même, mais ne nous manquons ni de respect ni de gentillesse.

e) Respecter nos besoins ne signifie pas « exaucer » tous nos désirs

En déployant tous ces efforts, nous devons tenir compte de certains facteurs de stabilisation, faute de quoi notre évolution sera rendue difficile, voire, à court ou moyen terme, impossible.

Notre personnalité est une « entité » rassemblant un certain nombre de paramètres fondamentaux indispensables à son bon fonctionnement. C'est ce que nous appelons nos *besoins de base*. Ces besoins incluent nos rythmes de vie, la répartition de nos temps de travail et de loisir, un juste équilibre d'efforts et de détente... bref, tout ce qui peut contribuer à ce que nous nous sentions bien avec nous-même. Il est donc primordial que nous les surveillions avec soin. Veillons néanmoins à ne pas tomber dans l'excès inverse. En effet, lorsque nous devenons « trop » attentif à nos besoins de base, nous avons tendance à verser dans l'*écoutisme*. Méfions-nous de ce comportement. Il dilue notre vigilance, égare notre esprit critique et nous fait souvent confondre *besoins authentiques* et *désir d'autogâterie*. Respecter nos besoins ne signifie pas « exaucer » tous nos désirs. Autant les premiers sont indispensables à l'évolution de notre personnalité, autant les seconds nous en éloignent.

f) A quoi sert ce que je suis en train de faire ?

Le point suivant sur lequel nous veillerons consistera à maintenir une certaine attention à nos actions. Il s'agit ici de faire en sorte que l'habitude, cette « seconde nature », ne nous colle pas à la peau et ne nous conduise pas à perpétuer des systèmes qui, même s'ils ont pu avoir leur raison d'être à une certaine époque de notre vie (habitudes prises pendant une période de convalescence par exemple), sont devenus aujourd'hui totalement inappropriés, inopérants et inefficaces.

Pour acquérir cette vigilance, apprenons à nous interroger le plus simplement possible sur notre situation actuelle. Dans le domaine des idées, des projets, des entreprises... posons-nous régulièrement la question : *« A quoi sert ce que je suis en train de faire ? »* Cette question ne manquera pas de nous remettre sur les rails chaque fois que nous commencerons à nous éloigner de nous-même et de notre « projet de vie ».

L'habitude et la routine sont les ennemis de notre évolution ; ne nous laissons pas entamer par ces traîtres compagnes de nos journées. Ce sont elles qui sont responsables de ce mortel parasite qu'est l'ennui.

g) Ne plus manquer de buts

Nous avons vu que la vie est toujours intentionnée vers l'*avant*, vers l'avenir. Dans notre quotidien singulier, cela se traduit par la nécessité de mettre en avant de nouveaux projets, de nouveaux objectifs, de nouveaux horizons, de nouveaux buts.

Nos buts constituent notre moisson d'aujourd'hui et notre alimentation existentielle de demain. Ils sont à la base de notre courage, de nos espoirs et, en fin de compte, de notre optimisme. Chaque fois que nous nous donnons un but, nous nous donnons une raison de vivre, une raison de créer, une raison d'exister.

36. Organiser notre identité au quotidien pluriel

« Un cadeau de communication... »

a) Au-delà du « je », une autre dimension

L'organisation de notre quotidien singulier serait vaine si nous n'inscrivions pas parallèlement nos efforts dans une perspective sociale et humaine. En effet, à quoi servirait d'œuvrer d'arrache-pied pour mettre à jour notre identité si ce travail devait déboucher sur une seule perception égocentrique et personnaliste du monde ? A quoi servirait de développer notre personnalité si elle devait se limiter à la sensation langoureusement trompeuse d'un Moi égoïste et indifférent ? Nous avons suffisamment commenté par ailleurs l'importance que nous attachions à la dialectique individualité/pluralité pour qu'il soit utile d'y revenir ici en détail.

Dans la conquête de notre personnalité, notre première tâche a consisté à faire émerger notre Moi, à en comprendre la dynamique, à en saisir les rouages, à en percevoir les possibilités et les perspectives, à nous entraîner à valoriser nos actions. Ce travail ardu nous a donné une première impression, une première image de notre identité fondamentale et nous a permis d'y ancrer les points de références nécessaires à la perception de notre personnalité.

Mais lorsqu'on a passé des années, voire des décennies, à subir la vie sans la comprendre, à se heurter aux gens sans les rencontrer, à effleurer les difficultés sans les saisir, à essuyer les échecs sans se les expliquer, bref lorsqu'on s'est cogné à toutes les portes sans jamais parvenir à en ouvrir aucune, il est certain que l'émergence soudaine de notre nouvelle personnalité constitue un changement si radical dans notre vie que nous ne pensons plus qu'à une seule chose : en jouir jusqu'à plus soif. Cependant, il arrive que ce besoin de rattraper le temps perdu soit si fort qu'on en oublie les autres pour finir par tomber dans l'égoïsme le plus pur.

Il est vrai que la découverte de notre identité et de notre personnalité nous confère un puissant sentiment de liberté. Mais cette liberté ne constitue pas une fin en soi. Elle ne prend tout son sens que si elle est redirigée vers autrui. La liberté de notre Moi n'est qu'une étape vers une perception plus complète, plus « englobante », de notre personnalité : le « *nous* ».

Notre tâche va donc maintenant consister à établir, puis à renforcer le lien qui unit notre personnalité et celle des autres et à tenter de trouver une harmonie raisonnable entre les deux.

b) Trouver notre identité sociale et collective

Si notre identité intrinsèque reste primordiale pour tout ce qui ressort de notre perception individuelle de la vie, elle ne constitue cependant pas un remède universel à tous nos problèmes personnels et interpersonnels. Bien que le concept philosophique « *Deviens ce que tu es* » nous éclaire sur notre travail d'émancipation et sur notre recherche de nous-même, il ne saurait constituer notre seule et unique vérité.

Tous les types de relations ont leur raison d'être : relations amoureuses, intimes, amicales, sociales... toutes sont essentielles car elles contribuent à notre véritable dimension humaine. Ne nous cantonnons pas dans des relations interindividuelles par trop symbiotiques. Veillons à équilibrer correctement relations interindividuelles et relations interpersonnelles, elles sont les garantes de notre équilibre psychique et de notre santé mentale. Ne restons pas bloqué sur une image par trop égocentrée et restrictive de nous-même. **Apprenons à développer notre panoplie relationnelle.**

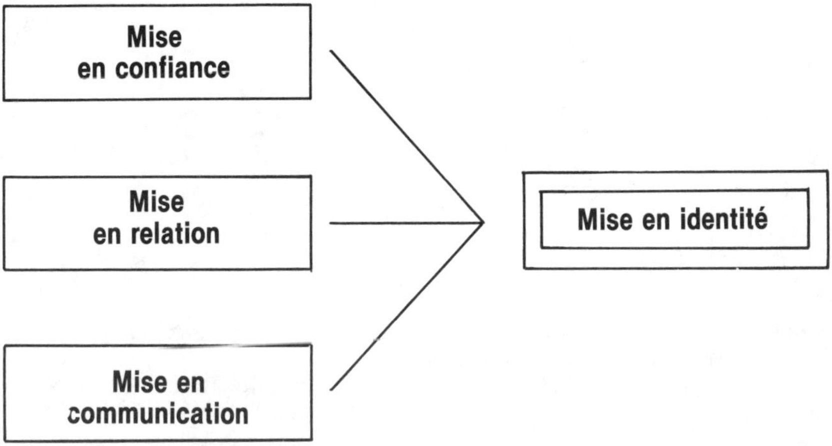

La vie en société nous oblige à toujours redéfinir nos rapports avec autrui. De la relation la plus privée et la plus intime à la situation de groupe la plus collective et la plus massive, tout compte. Relations filiales, fraternelles, familiales... relations de bon voisinage, de camaraderie, d'amitié... relations professionnelles, d'affaires... toutes impliquent une certaine habileté sociale, un certain « entregent ». A nous de nous y employer.

L'homme vit dans la relation et dans la communication. Il n'est ni à un bout ni à un autre de la relation, il est *dedans*. Nous priver de la relation avec autrui reviendrait à nous priver d'une partie de nous-même.

Prenons conscience de la collectivité dans laquelle nous vivons. Nous ne sommes pas un pion sur un échiquier inconnu. Nous avons tous un rôle à jouer dans le groupe social qui est le nôtre. Préparons-nous-y !

c) Là où régnait le Moi devra régner le Nous

L'évolution que nous avons suivie dans la découverte ou dans la redécouverte de notre identité et de notre personnalité marque une étape capitale dans notre vie. On peut même dire qu'elle cons-

« Je ne sais ni lire ni écrire, je ne sais qu'épeler. Donnez-moi la première lettre, je vous donnerai la seconde. »
Notre Moi constitue l'alphabet de notre personnalité, mais c'est le Nous qui va nous permettre de conjuguer notre existence.

---

titue un point de non-retour car la **connaissance de soi ne se désapprend pas** ; elle est et reste acquise une fois pour toutes.

Notre Moi constitue l'alphabet de notre personnalité mais c'est le Nous qui va nous permettre de véritablement conjuguer notre existence, lui conférer un sens, lui donner un but. Le Nous est le gardien et le défenseur du Moi. Plus nous baignons dans le Nous, plus notre Moi est fort. Sans lui, le Moi ne resterait pas longtemps Moi ; il aurait vite fait de se perdre, ou de se reperdre, dans les méandres de nos paradoxes mentaux.

La notion de *groupe* n'est pas forcément synonyme d'assimilation et d'intégration à la masse. Nous pouvons intervenir en tant qu'individu dans une collectivité sans pour autant perdre notre spécificité et notre particularité.

Apprenons à nous appréhender dans une réalité de groupe. « Nous » ne signifie pas uniquement « les autres ». **Nous ce sont les autres et Moi à la fois** (5). Développons notre sens de la collectivité, ne redoutons pas le groupe ; n'y renonçons surtout pas. Nos efforts d'insertion dans les groupes sociaux nous permettront, en même temps que de mieux nous centrer sur nous-même, de moins redouter les interférences des autres dans notre vie.

5. Il est intéressant de noter qu'en russe *nous* se dit : « *Nous avec toi.* »

d) Le meilleur moyen d'apprendre, c'est de faire profiter les autres de ce qu'on sait

Nous l'avons dit et répété : un développement égoïste et personnaliste de notre Moi serait vain et fausserait notre appréciation du sens de la vie. En fait, le perfectionnement de soi-même pour soi-même est aussi inutile que de se regarder le nombril ou de vouloir devenir « Bouddha ».

La réalisation de soi ne prend son sens que dans la mesure où elle débouche sur une conception interhumaine englobante de la vie. C'est grâce à *tous* les efforts de *tous* les hommes de *toutes* les civilisations qui nous ont précédés que nous jouissons de la culture (progrès technique, social, économique...). Nous pouvons en disposer, certes, mais sachons qu'elle ne nous appartient pas en propre.

La culture est un bien universel. Ne tentons pas de la conserver jalousement comme l'on détiendrait un objet personnel. La culture doit nous servir à aller vers les autres, pas à nous retrancher derrière une barrière de savoir personnel. Ce n'est que dans le **partage avec autrui** que la culture, la connaissance et la réalisation de soi acquièrent leur sens profond.

Il nous incombe de multiplier nos efforts pour acquérir une connaissance toujours plus grande du monde et de l'être humain. Cette connaissance nous évitera de tomber dans le piège des idées fausses, des clichés et des préjugés et nous permettra de mieux comprendre le monde dans lequel nous vivons.

Le meilleur moyen d'apprendre, c'est de faire profiter les autres de ce que nous apprenons. Plus nous chercherons à communiquer aux autres notre savoir, plus nous aurons soif d'apprendre et plus l'apprentissage s'avérera aisé, riche et passionnant. C'est de la triple et interférente connaissance de soi, d'autrui et du monde que naît notre force du Nous et que se forge, par-delà, notre « *courage de vie* ».

Test

Explication du test

Ce test est un test de *tendance,* c'est-à-dire qu'il vous donne une base de réflexion sur quatre tendances psychologiques. Il va de soi que nous n'appartenons jamais exclusivement à une seule et unique catégorie, mais que nous nous retrouvons dans toutes les quatre à la fois, avec une tendance plus ou moins marquée pour l'une ou l'autre.

Comment procéder ?

Vous trouverez à la droite de chaque question quatre cases : certaines grises, d'autres blanches. Si vous vous sentez concerné par la question posée (de manière affirmative), mettez une croix dans la ou les cases blanches figurant sur la ligne. Si vous ne vous sentez pas concerné, ne cochez aucune case et passez à la question suivante.

Exemple : Question n° 4

	a	b	c	d
4. Pardonnez-vous facilement ?	(gris)	(gris)		

Si c'est le cas, mettez une croix dans les cases c et d. Si ce n'est pas le cas, ne cochez aucune case pour cette question et passez à la suivante.

Comment évaluer vos réponses ?

Une fois que vous aurez répondu à toutes les questions, comptez le nombre de croix figurant dans chaque colonne puis reportez-vous aux rubriques correspondantes.

En rangeant vos scores par ordre dégressif, vous pourrez établir votre tendance de personnalité qui vous permettra de déterminer où vous en êtes et dans quelle direction déployer vos efforts.

*

* *

Et maintenant, à vos crayons !

Questionnaire	**a**	**b**	**c**	**d**
1. Vos efforts sont-ils généralement efficaces ?				
2. Vivez-vous les autres comme de potentiels rivaux ?				
3. Aimez-vous provoquer les autres ?				
4. Pardonnez-vous facilement ?				
5. Savez-vous faire abstraction des côtés négatifs de la vie ?				
6. Adhérez-vous toujours à l'avis des autres ?				
7. Êtes-vous pessimiste pour votre avenir ?				
8. Faites-vous naturellement confiance ?				
9. Êtes-vous rancunier ?				
10. Désamorcez-vous systématiquement les situations conflictuelles que vous rencontrez ?				

Questionnaire	**a**	**b**	**c**	**d**
11. Êtes-vous superstitieux ?	■		■	■
12. Êtes-vous autoritaire vis-à-vis des animaux ?		■	■	■
13. Vous sentez-vous incompris ?	■		■	■
14. Acceptez-vous facilement les compliments ?	■	■	■	
15. Dans un groupe, prenez-vous une place de leader ?		■	■	
16. Démarrez-vous « au quart de tour » si on vous marche sur les pieds ?		■	■	■
17. Cherchez-vous à plaire ?	■	■		■
18. Redoutez-vous les tensions ?	■	■		■
19. Êtes-vous un passionné du travail ?	■	■	■	
20. Vous ouvrez-vous aisément de vos problèmes à vos proches ?	■	■	■	
21. Vous sentez-vous une « tare » particulière ?	■		■	■
22. Avez-vous tendance à exagérer les problèmes ?	■		■	■
23. Vous sacrifiez-vous facilement pour quelqu'un ?	■	■		■
24. Aimez-vous commander ?		■	■	■
25. Êtes-vous convaincu du caractère héréditaire de vos problèmes ?	■		■	■
26. Considérez-vous que vous avez beaucoup de raisons de vous plaindre ?	■		■	■
27. Savez-vous vous mettre en colère ?		■	■	

Questionnaire	**a**	**b**	**c**	**d**
28. Vous faites-vous facilement des amis ?				
29. Votre désir de plaire à tous vous conduit-il à des concessions excessives ?				
30. La présence d'autrui vous dérange-t-elle ?				
31. Donnez-vous plus souvent raison aux autres qu'à vous-même ?				
32. Avez-vous tendance à soupirer ?				
33. Vous interrogez-vous sur le sens de la vie ?				
34. Votre entourage vous redoute-t-il ?				
35. Vous identifiez-vous facilement à la cause d'autrui ?				
36. Vous arrive-t-il de bouder lorsque vous êtes contrarié ?				
37. Mettez-vous facilement en doute la parole des autres ?				
38. Cherchez-vous à transmettre vos connaissances aux autres ?				
39. Adoptez-vous une attitude combative face à la vie ?				
40. Pensez-vous qu'il faille ne compter que sur soi-même ?				
41. Recherchez-vous la confrontation ?				
42. Vous pliez-vous facilement à la hiérarchie ?				
43. Êtes-vous un idéaliste se battant pour des idées ?				
44. Donnez-vous aux autres des raisons de vous sous-estimer ?				

Questionnaire	**a**	**b**	**c**	**d**
45. Usez-vous de votre charme pour parvenir à vos fins ?				
46. Vos décisions sont-elles généralement des coups de tête ?				
47. Doutez-vous de tout ?				
48. Essayez-vous de toujours mettre tout le monde d'accord ?				
49. La culture est-elle quelque chose de central pour vous ?				
50. Votre entourage a-t-il tendance à vous éviter ?				
51. Donnez-vous plus facilement que vous ne prenez ?				
52. Êtes-vous têtu ?				
53. Est-ce que dire « non » vous écorche la langue ?				
54. Plutôt que de décevoir autrui, préférez-vous avoir recours au « mensonge diplomatique » ?				
55. Dit-on de vous que vous gagnez à être connu ?				
56. Attendez-vous le dernier moment pour agir ?				
57. Tendez-vous à dédramatiser toutes les situations ?				
58. Aimez-vous tenir tête à autrui par principe ?				
59. Menez-vous toujours vos projets à terme ?				
60. Êtes-vous obstiné ?				
TOTAUX :				

Interprétation

Colonne a. Tendance : le **hargneux.**

— **Moins de 5 points :** vous n'êtes pas un hargneux ; au contraire, vous manquez d'un certain esprit de combativité. La gentillesse est certes une qualité, mais qui demande à être modulée en fonction des situations rencontrées. Apprenez à vous montrer plus ferme dans vos relations avec autrui.

— **Entre 5 et 10 points :** vous n'êtes pas à proprement parler un hargneux. S'il vous arrive d'être mordant ou agressif, c'est parce que vous vous sentez incompris ou injustement traité, ou que les exigences professionnelles l'exigent.

— **Entre 10 et 15 points :** percutant, vous n'êtes pas une personne à s'en laisser compter ni à se laisser marcher sur les pieds. Vous aimez tenir tête et pousser les autres dans leurs retranchements. Cette attitude vous confère un certain sentiment de puissance, mais celui-ci se paie en retour par la nécessité de ne devoir compter que sur vous-même.

— **Plus de 15 points :** votre score révèle une nette tendance à la hargne. Cette attitude vous vaut beaucoup de déboires et un grand sentiment de solitude. Déployez tous vos efforts pour corriger ce style de vie négatif que vous avez probablement adopté dans votre enfance pour vous protéger d'un environnement hostile. Cela est tout à fait possible.

*

* *

Si votre score est supérieur à 9 points :

— *Vos mauvais côtés :* vous serez plutôt sévère, autoritaire, méfiant. Dans le pire des cas, agressif, vindicatif, provocateur, revanchard.

— *Vos bons côtés :* votre obstination, votre goût de l'ordre, votre sens aigu de la justice, votre directivité, votre aptitude au commandement font de vous une personne sur laquelle on sait pouvoir compter.

Colonne b. Tendance : **le geignard**

— **Moins de 5 points :** loin d'être un geignard, vous avez tendance à vous refermer sur vous-même et à garder vos problèmes pour vous. Ayez un peu plus confiance en vos amis et confiez-vous davantage à eux.

— **Entre 5 et 10 points :** vous êtes le geignard ordinaire que nous sommes tous à l'occasion, lorsque les choses ne vont pas comme elles devraient aller.

— **Entre 10 et 15 points :** vous avez une certaine tendance à vous plaindre de votre sort. Quittez votre position réactionnelle. Vous disposez incontestablement de nombreuses qualités. La vie ne s'attend pas : elle se conquiert.

— **Plus de 15 points :** dans votre for intérieur, vous êtes convaincu que les hasards de l'hérédité ont fait de vous un être pas tout à fait pareil aux autres. A partir de cette conception fataliste de vous-même, vous ne savez comment vous situer par rapport à eux ni comment les prendre. Vous ressentez un impérieux besoin de vous comparer à eux et, comme vous avez le sentiment de ne pas « faire le poids », vous développez un vif sentiment d'infériorité. Cette position inconfortable vous amène à réfuter, à dénigrer, à critiquer, à prendre le contre-pied alors que, finalement, vous auriez plutôt envie d'être d'accord avec les autres. Apprenez à ne plus voir systématiquement dans les autres des rivaux inégalables.

*
* *

Si votre score est supérieur à 9 points :

— *Vos mauvais côtés :* vous serez plutôt susceptible, boudeur, borné, pessimiste, inquiet, casse-pieds.

— *Vos bons côtés :* vous êtes fidèle, généreux, affectueux, serviable, reconnaissant, épris de justice.

Colonne c. Tendance : **l'harmoniste**

— **Moins de 5 points :** vivre en harmonie avec les autres n'est pas votre préoccupation première. Vous manquez d'esprit de conciliation. Lorsque vous donnez votre amitié, c'est pour la vie, mais rares sont ceux qui en ont le privilège. Apprenez à davantage coopérer avec les autres.

— **Entre 5 et 10 points :** votre tendance à l'harmonie est loin d'être excessive. Disons que vous faites l'effort de vous intégrer dans la société dans laquelle vous vivez. Ouvrez-vous plus vers l'extérieur, renforcez vos relations avec les autres et soignez davantage vos amitiés.

— **Entre 10 et 15 points :** vous vivez en bonne entente avec votre environnement et n'hésitez pas à faire des concessions pour « arrondir les angles ». Pas rancunier pour deux sous, vous êtes l'homme du compromis. Vous donnez plus facilement que vous ne recevez. Attention, cependant, à ne pas vous laisser déborder par votre tendance à l'harmonie ; les autres risqueraient d'en abuser.

— **Plus de 15 points :** votre désir de mettre tout le monde d'accord et de plaire à tous vous pousse à des concessions excessives, ce qui va à votre détriment et à celui de vos proches avec lesquels vous vivez. Votre trop forte tendance à l'harmonie vous empêche d'exprimer votre personnalité et votre originalité. Soyez plus ferme dans vos options et ne cherchez pas systématiquement à faire plaisir aux autres. Vous pouvez aussi leur dire « non » ; ils n'en mourront pas. Au contraire, ils vous seront même parfois reconnaissants de leur fixer des limites. N'oubliez pas que la rencontre avec autrui naît du heurt de deux personnalités.

***

Si votre score est supérieur à 9 points :

— *Vos mauvais côtés :* vous êtes plutôt léger, volage, superficiel ; opportuniste, insaisissable. Il est difficile de compter sur vous.

— *Vos bons côtés :* toujours de bonne humeur, gentil, serviable, attentif, flexible, attachant.

Colonne d. Tendance : **le sympa**

— **Moins de 5 points :** vous possédez en vous les dispositions d'une belle personnalité, mais vous n'avez pas encore trouvé les moyens de la réaliser.

— **Entre 5 et 10 points :** il suffirait de peu de choses pour que votre personnalité soit réellement brillante, mais vous avez peur de votre propre envergure.

— **Entre 10 et 15 points :** vous avez suffisamment de personnalité pour ne pas être tenté de dominer les autres et c'est pourquoi vous vous sentez à l'aise dans les groupes sociaux. Vous avez compris que les tâches de la vie sont faites pour être résolues et non évitées et que le monde n'est pas un énorme biberon pour bébés gâtés. Vous êtes volontaire et pugnace, ce qui vous permet d'accepter avec une certaine philosophie les échecs que vous rencontrez forcément dans vos multiples activités.

— **Plus de 15 points :** vous êtes d'un humanisme débordant ; tout ce qui concerne l'homme vous passionne. Votre éthique de vie vous permet d'être à la fois à l'écoute de vous-même et des autres. Votre tempérament confiant et optimiste, le travail et l'esprit d'efficacité que vous y ajoutez, vous assurent de réaliser presque tout ce que vous entreprenez. Bref, vous êtes un enfant béni des dieux. Mais attention ! n'écrasez pas les autres, ni ne les sous-estimez ! Ils ont peut-être, malgré tout, quelque chose à vous apprendre.

*
* *

Si votre score est supérieur à 9 points :

— *Vos mauvais côtés :* attention au narcissisme aigu, au nombrilisme égoïste ; vous n'êtes pas Bouddha !

— *Vos bons côtés :* capable d'aimer et de travailler, caractère social par excellence, vous savez garder les pieds sur terre tout en faisant preuve d'originalité et de créativité.

CONCLUSION

Notre sentiment de vie est l'applaudimètre de notre personnalité.

1. Ne restons pas au stade du négatif photographique

Tout au long de cet ouvrage, nous avons tenté de montrer au lecteur en quoi consistaient les difficultés habituellement rencontrées dans l'élaboration de notre personnalité. Nous avons remarqué que ces difficultés étaient essentiellement liées à une extraordinaire méconnaissance de nous-même et d'autrui et à notre tendance générale à nous cantonner dans des champs de bataille secondaires au lieu de nous concentrer sur les problèmes primordiaux. Mais, au-delà de ces questions certes fondamentales, la raison cruellement restrictive et rédhibitoirement déterminante de la plupart de nos échecs de personnalité réside dans une double constatation :

— D'une part, le développement et l'épanouissement de notre personnalité impliquent un travail de longue haleine, pavé de doutes et d'incertitudes.

— D'autre part, il ne s'agit pas d'une attitude vitale immédiatement visible et payante.

La course à la personnalité est une « course en solitaire » : on trouve peu de candidats au départ et encore moins à l'arrivée. Rares sont ceux d'entre nous qui trouvent en eux-mêmes la patience et le courage d'investir leurs efforts dans une attitude authentique de changement. La plupart du temps, nous optons pour la simplicité et avons recours aux moyens de compensation habituels (tromperie, chantage, combines...) insidieusement prodigués par notre société de consommation (1).

*
* *

La vie quotidienne ne nous fournit pas suffisamment de motifs d'exaltation pour plonger dans une fureur de vivre qui serait propice au changement. Partagé entre l'incertitude de l'inconnu et la douce tiédeur de la routine, nous penchons inexorablement pour cette dernière et c'est pourquoi la plupart d'entre nous en restent au stade du *négatif photographique.*

2. Ne pas faire comme les autres, mais « être » comme eux

Il en va du développement de notre personnalité comme du tirage d'une photographie : il convient d'avoir recours à un *révélateur* et à un *fixateur.*

Le révélateur de notre personnalité s'appelle autrui. En effet, ce sont les autres qui, en nous renvoyant notre image, nous confirment dans notre être, dans notre existence, dans notre devenir. Ce n'est qu'en nous efforçant de mieux comprendre les autres que nous nous comprendrons mieux nous-même. Chacun d'entre nous possède son propre langage. Apprenons à parler le langage des autres, devenons polyglotte. Mais attention ! Parler le langage des autres ne signifie pas *parler comme eux,* les imiter, les singer. Veillons à respecter notre unicité, notre spécificité, notre originalité.

---

1. Il est vrai que nos fringales de personnalité trouvent dans cette société suffisamment d'*ersatz* pour se rassasier. Au banquet de la personnalité, rares sont ceux qui ne quittent pas la table avant le dessert.

Comprenons que ce n'est pas *par* mais *avec* les autres que notre personnalité pourra véritablement s'épanouir. N'attendons pas qu'ils nous fournissent un modèle de personnalité. Ne commettons pas l'erreur de nous assimiler à eux dans une politique de « moutons de Panurge ». Il ne s'agit pas de *faire comme eux* mais d'*être comme eux,* de nous sentir appartenir au même monde, c'est-à-dire d'être un homme du monde unique, ineffable et inimitable.

Le désir d'évolution est chose naturelle chez l'homme. Il n'appartient qu'à nous de fournir le travail nécessaire à la dynamisation des secteurs clés de notre évolution personnelle et sociale. Nous possédons tous en nous un potentiel d'ouverture et d'évolution. A nous de prendre conscience de notre identité et de *révéler* notre personnalité.

3. Le temps aussi apporte son obole aux situations les plus inextricables

Le « fixateur » de notre identité s'appelle le temps. C'est lui qui confirme l'image de nous-même *révélée* par autrui.

Dans notre société dite de consommation, nous sommes habitué à ce que tout aille très vite (vite travailler, vite manger, vite dormir, vite faire l'amour...). Cependant, toutes les situations vitales ne trouvent pas forcément une issue rapide et définitive.

Ne nous attendons pas à ce que nos problèmes de personnalité se règlent comme par miracle du jour au lendemain. Il serait vain d'espérer remédier en une semaine à des situations que nous avons ignorées ou négligées pendant des années, voire des décennies. Nombreux sont les domaines dans lesquels un mûrissement lent et progressif de la situation (multiplication des expériences positives, confirmation des vécus de référence...) s'avère indispensable pour qu'un changement effectif puisse avoir lieu.

Nous devons comprendre que le temps n'est pas toujours et forcément notre ennemi. Au contraire, il constitue souvent même un allié irremplaçable, surtout lorsque les problèmes rencontrés se heurtent au monde de nos émotions et de notre sensibilité.

Attention ! Lorsque nous parlons du temps, nous ne faisons pas allusion à des échéances prévisibles et immédiates : le travail de mise à jour et de développement de **notre personnalité ne se définit pas en termes d'échéances** (deux, cinq ou dix ans), **mais en termes d'attitudes intérieures**. Ce ne sont pas des années de bonnes intentions sans lendemain et de pseudo-efforts qui changeront quelque chose à notre situation, mais une politique d'évolution réaliste et progressive, vigilante et clairvoyante, habilement dosée et patiemment suivie. Plus nos efforts d'émancipation de notre ancienne image seront sincères et ouverts, plus le résultat de nos efforts se manifestera rapidement et durablement.

4. La règle du « Je » est la clé de voûte de notre personnalité

L'avenir de notre personnalité est entre nos mains. A nous de savoir ce que nous voulons, quel style de vie nous souhaitons adopter, à quelles connaissances nous voulons avoir accès et quelles perspectives d'avenir s'offrent à nous en fonction de quels efforts fournis.

Le développement de notre personnalité implique le respect d'une règle du jeu à laquelle nous ne pouvons nous soustraire. Cette règle repose sur le respect des deux champs vitaux que sont le « **principe de plaisir** » et le « **principe de réalité** ». Chaque fois que nous tentons de masquer la réalité derrière notre plaisir *(« Je sais que c'est comme ça, mais j'ai envie que ce soit autrement »)*, nous dérogeons à la règle du jeu et rendons caduques nos velléités de changement. A l'opposé, si nous parvenons à bien séparer principe de plaisir et principe de réalité, il n'est pas rare que ce dernier vienne, comme par enchantement, frapper à la porte du premier et que tous deux coopérant à notre mieux vivre contribuent à faire de la règle du *jeu* une règle du « *je* » autrement plus prometteuse et passionnante, véritable clé de voûte de notre personnalité.

5. Une règle du « Je » dont on connaît enfin les tenants et les aboutissants

Le « *Je* » a ses règles. S'il est vrai que notre inconscient est une mer profonde, il n'en reste pas moins vrai que notre identité et notre personnalité sont de robustes navires nous permettant d'envisager sous les meilleurs auspices les « voyages » les plus inimaginables et les plus audacieux.

Ne tombons plus dans le panneau des fausses vérités, des idées toutes faites et des clichés que nous colportons — le plus souvent nous-même — sur notre propre identité et notre personnalité. N'attendons pas demain. Prenons nous-même en charge notre devenir. Nous l'avons dit : la vie n'est pas aussi dure que nous le pensons, c'est nous qui avons trop souvent tendance à la voir plus douce qu'elle n'est en réalité. Corrigeons cette image erronée à la base de tant de méprises et de vies gâchées.

*

* *

Gardons toujours à l'esprit les 4 règles d'or de la personnalité :

— Vivons « en avant ».

— Apprenons à anticiper les situations et les événements.

— Rendons à notre Moi toute la souplesse et toute la flexibilité dont il a besoin pour baigner dans la dialectique des rapports interhumains.

— Veillons à ce que notre Moi se re-source toujours largement dans la réalité ambiante du Nous.

En adoptant une telle politique, nous acquerrons un sentiment plus précis des possibilités et limites de notre personnalité, nous saurons mieux dans quelle direction diriger nos efforts et nous dissiperons en nous l'impression fréquemment ressentie d'être un fétu de paille emporté au gré des vents et des intempéries.

6. Une métapersonnalité

Tout au long de ces lignes, nous avons amené le lecteur à prendre conscience de son identité, nous lui avons indiqué le cheminement intellectuel et émotionnel qu'il lui fallait parcourir pour découvrir, développer et épanouir sa personnalité, nous lui avons livré quelques « ficelles psychologiques » ; bref, nous pourrions considérer notre contrat comme rempli et mettre un point final à cet ouvrage.

Cependant, le lecteur qui aura suivi le cheminement de notre pensée jusqu'en ce point et déployé ses efforts en conséquence aura probablement pu sentir que, malgré l'impression de liberté et de confiance qu'il peut éprouver à présent dans nombre de situations vitales, il manque à sa personnalité un « petit quelque chose » supplémentaire qui viendra couronner le tout. Et c'est précisément ce « petit quelque chose », ce point sur le i, qui va faire basculer ses efforts, soit en aval vers une perception plus large, plus existentielle, plus humaine de la vie, soit en amont vers une attitude vitale restrictive, personnaliste et égoïste.

Disons-le sans détour : il serait vain d'avoir déployé tant d'efforts, surmonté tant d'obstacles, de nous être heurté à tant de problèmes pour finalement déboucher sur une seule conception « alimentaire » et réductionniste de la vie humaine. Nous valons mieux que cela. Notre personnalité a besoin d'un cadre philosophique au sein duquel elle puisse se référer et s'exprimer dans ses choix et ses options fondamentales. Ce cadre philosophique s'appelle une « **éthique de vie** » (2).

Une éthique de vie est indispensable à notre personnalité. C'est elle qui nous accompagnera dans la *voie royale du quotidien*, elle qui nous guidera dans nos choix de vie, elle qui nous ramènera

---

2. Une éthique de vie nous amènera à nous interroger sur nous-même, mais aussi sur l'homme dans son ensemble, sur son existence, son rôle, ses motivations, ce qui fait sa valeur, etc.

au « souci de soi » lorsque nous nous en serons éloigné, elle enfin qui nous permettra d'englober autrui dans notre projet de vie. En ce sens, il convient de considérer notre éthique de vie non comme une simple *philosophie de la raison*, mais comme une véritable *philosophie du cœur*.

On n'invente rien

Merci Messieurs et Mesdames

Alfred Adler : « Éduquer, c'est encourager. »

« Grâce au courage et à l'apprentissage, on peut parfois compenser les déficiences de telle sorte qu'elles se transforment en aptitudes exceptionnelles. »

« Affrontée comme il faut, une déficience devient le stimulus qui pousse à une réalisation plus haute. »

« Les grandes erreurs de notre vie : la guerre, la peine capitale, la haine raciale, la haine des peuples et aussi la névrose, le suicide, le crime, l'ivrognerie, etc., naissent d'un manque de sentiment social. »

Charles Baudelaire : « Le droit le plus sacré de l'homme est de se contredire. »

Georges Bernanos : « Je sais parfaitement que vous n'êtes pas ce que vous dites, mais je ne suis pas non plus ce que je prétends être. »

Ludwig Binswanger : « C'est justement l'idée de Dasein (présence, mot à mot : être là) qui est importante en psychiatrie et non celle de " conscience ". »

Jacob Boehme : « La vraie tragédie pour un homme n'est pas tellement de rester incompris, mais celle de ne pas comprendre. »

Georg Buechner : « La conscience est un miroir, le singe se tire la langue en s'y regardant. »

Albert Cohen : « Tous les hommes sont piteux, y compris les séducteurs... Impossible de faire du théâtre vingt-quatre heures par jour. »

Confucius : « Dans les affaires du monde, l'homme de bien n'a pas une attitude rigide de refus ou d'acceptation. Le juste est sa règle. »

Hélène Deutsch : « C'est le " nous " qui me donne le sentiment d'une identité sociale et, par conséquent, me garantit contre l'angoisse. »

Françoise Dolto : « Tous les êtres humains sont donc inconsciemment, par leur adaptation langagière au sens large du terme, des traîtres au regard de leur ressenti, qu'ils ont, par habitude prise de ne jamais véridiquement l'exprimer, refoulé plus ou moins précocement. »

Paul Éluard : « La terre est bleue comme une orange. »

Gustave Flaubert : « En plongeant dans la personnalité des autres, il oublia la sienne, ce qui est la seule manière peut-être de n'en pas souffrir. »

Sigmund Freud : « On pourrait définir le traitement psychanalytique comme une éducation progressive pour surmonter chez chacun de nous les résidus de l'enfance. »

« Là où régnait le Ça devra régner le Moi. »

« Les usages sociaux... permettent un certain jeu à l'envie de plaire de la femme mariée et à l'envie de conquérir de l'époux. »

« Notre idéal de civilisation n'exige pas qu'on renonce à la satisfaction de l'individu. »

Roger Garaudy : « L'action est la loi de ce monde mouvant des hommes et des choses. »

André Gide : « Tout représentant de l'idée tend à se préférer à l'idée qu'il manifeste. »

Johann Goethe : « Quelle est la liberté de l'homme le plus libre ? De bien agir. »

« Demande les plus hautes étoiles du ciel et les plus fortes voluptés de la terre. »

André Glucksmann : « L'esclave s'en sort non en renversant le maître, mais en devenant maître lui-même. »

Simone Goyard Fabre : « S'il n'aime pas la douleur comme douleur, il l'aime néanmoins comme moyen de se faire remarquer d'autrui : par elle, il est un élu ; par elle, il est puissant puisqu'on le distingue. »

Bernard Guibert : « Le salut de l'humanité, ne le devons-nous qu'à Dieu le Père, ou bien procède-t-il aussi de nous, le fils ? »

Paul Guimard : « Le hasard, c'est comme un enfant, ça se corrige, mais on n'est jamais tout à fait sûr du résultat. »

Claude Hagège : « Mais si l'on peut admettre qu'à l'origine, le social ait chez l'espèce humaine des racines biologiques, en revanche, il est clair que, dès l'amorce du développement de la vie de groupe, l'interaction des facteurs social et cérébral devient permanente. »

Hermann Hesse : « Les abstractions sont ravissantes, mais je suis d'avis qu'il faut aussi respirer de l'air et manger du pain. »

« Tous avaient aspiré au pouvoir par amour du bien, pour être ensuite possédés et abrutis par ce pouvoir et l'aimer pour lui-même. »

Karen Horney : « L'angoisse est une réaction à un danger imaginaire. »

« Une autre particularité résultant du besoin de dominer est l'incapacité d'entretenir des relations d'égalité. »

« Le névrosé peut établir une distance entre soi-même et tout rival, soit en plaçant les autres sur un piédestal inaccessible, soit en se ravalant lui-même tellement au-dessous d'eux que toute idée ou tentative de les concurrencer semble impossible et ridicule. »

« Une personne qui sait qu'elle peut attaquer ou se défendre, si la situation l'exige, est et se sent forte. »

Carl Gustav Jung : « C'est du heurt des contraires que jaillira la flamme de la vie. »

« Quand il est question du " Soi ", il est question de la personnalité et c'est une notion plus extensive que le " Moi " parce que le " Moi " désigne seulement ce dont vous êtes conscient, ce que vous connaissez de vous-même. »

« La " personae " est un système complexe de comportements qui est en partie dicté par la société et en partie dicté par les désirs ou les attentes de l'individu vis-à-vis de lui-même. Mais cela n'est pas la personnalité réelle. »

« L'homme porte en lui toute son histoire et toute celle de l'humanité. »

Franz Kafka : « La vieille patrie est sans cesse nouvelle quand on vit consciemment, en ayant clairement conscience de ses liens et de ses devoirs envers les autres. »

Emmanuel Kant : « Que chacun agisse de telle sorte que la maxime de ses désirs puisse être érigée en loi universelle. »

Melanie Klein : « Dans l'inconscient de l'enfant et de l'adulte, à côté des pulsions destructrices, il existe un besoin profond de se sacrifier afin d'aider et de réparer les personnes aimées auxquelles on a fait du mal ou que l'on a détruites en fantasme. »

« Si, au fond de notre inconscient, nous sommes devenus capables d'effacer dans une certaine mesure les griefs ressentis contre nos parents, nous pouvons alors être en paix avec nous-même et aimer les autres dans le vrai sens du mot. »

« En conclusion, une bonne relation avec nous-même est l'une des conditions pour témoigner aux autres amour, tolérance et sagesse. »

Serge-Christophe Kolm : « De façon plus intrinsèque, le bouddhisme pense que, pratiquement, l'homme ne peut pas avancer assez loin dans la Voie sans les conseils d'un plus savant, qui indique les stratégies opportunes et, pour commencer, communique les concepts mêmes des phénomènes psychiques, qui permettent de percevoir et de comprendre ces derniers, de les influencer et même de les créer. »

« Aimer " à croquer ", l'amour-absorption, est peut-être moins altruiste que le simple respect de l'autre. »

Henri Laborit : « Nous avons tous la possibilité individuelle d'agir sur la trajectoire du monde. »

Thomas Mann : « Car l'intelligence est toujours destinée à se donner par quelque côté des responsabilités d'éducatrice. »

« Évidemment cet " amour de soi-même " est quelque chose de différent, de plus fort, de plus profond et de plus fécond que la vulgaire complaisance du narcissisme. Il est... le respect de soi. »

Abraham Maslow : « Ainsi le savoir peut avoir une fonction de développement mais également une fonction de réduction de l'anxiété, une fonction protectrice de l'homéostase. »

« Nous rions plus souvent " à propos de " que nous ne rions " avec ". »

« Non pas inciter à reculer mais à respecter une retraite qui permet de panser les blessures, de refaire ses forces, de reconsidérer la situation à partir d'un endroit sûr et même de régresser à un niveau antérieur en attendant que l'on ait retrouvé le courage d'avancer. »

« La névrose se nourrit d'elle-même. »

Alexandre Mitscherlich : « La recherche du bonheur, d'un état de liberté d'où seraient absentes menaces et tensions, est un contrepoids au joug des renonciations dictées par la société. »

« Les morales ne sont pas respectées, c'est un fait. »

Montesquieu : « La gravité est l'armure des sots. »

« La liberté : ce bien qui fait jouir des autres bien. »

Molière : « Il est bien des endroits où la pleine franchise deviendrait ridicule et serait peu permise... »

David Neel : « Ceci étant, cela surgit. »

Friedrich Nietzsche : « Chacun est l'être le plus distant de lui-même. »

« L'homme est quelque chose qui doit être surmonté. »

« " Je l'ai fait ", dit ma mémoire. " Je ne puis l'avoir fait ", dit mon amour-propre, et il n'en démord pas. En fin de compte, c'est la mémoire qui cède. »

Platon : « Il faut sortir des apparences, cette caverne où tout n'est qu'illusion. »

Josef Rattner : « Là où régnait le Moi devra régner le Nous. »

« Pour nous, découverte de soi, complétion de la personne et maîtrise de la réalité se recoupent dans un processus de croissance unitaire où ces trois facteurs se conditionnent mutuellement. »

« La culture, c'est ce qui fait l'homme. »

« Plus je parle personnellement dans le groupe, plus j'aide le patient. »

Horst E. Richter : « Dans chaque groupe d'âge, les problèmes que l'on rencontre sont des problèmes de relations. »

Joan Rivière : « Des pulsions agressives, cruelles et égoïstes sont étroitement associées à des sentiments de plaisir et de satisfaction ; une certaine fascination et une excitation peuvent accompagner la gratification de ces pulsions. »

Jean-Paul Sartre : « Il faut aussi savoir orienter sa pitié. »

« Je veux être un homme parmi les hommes mais je sais, c'est le plus difficile. »

William Shakespeare : « Ce qu'on veut, il faut le faire sans tarder. »

Shi Nai-an Luo Guan-zong (*Au bord de l'eau*, texte de la Chine ancienne) : « A vanter la bravoure des autres, vous diminuez votre propre prestige. Ce n'est qu'un homme après tout ! Ou bien aurait-il trois têtes et six bras ? »

Harry S. Sullivan : « Quand j'évoque la façon d'utiliser les tournures de transition, je veux tout simplement parler de la façon de se déplacer à l'intérieur de la discussion. »

Fritz Zorn : « On ne comprendra jamais assez à quel point la notion d'harmonie était totale. J'ai grandi dans un monde si parfaitement harmonieux que même le plus fieffé harmoniste en frémirait d'horreur. »

Table des matières

Introduction :
Une extraordinaire méconnaissance de nous-même 9

Première partie :
DE L'IDENTITÉ A LA PERSONNALITÉ

1. Tous nos problèmes viennent des autres 15
 a) Apprendre à vivre ensemble 15
 b) Le contrat de la vie 16
2. Qu'est-ce que l'identité ? 18
 a) Ce que nous ne sommes pas 18
 b) Ce que nous sommes 20
 c) Les « squatters » de notre identité 20
3. Pour mettre les choses au point 23
 a) L'héréditaire et l'acquis 23
 b) Quel sens donner à notre vie ? 24
 c) La culture est le vocabulaire des choses de la vie 25
 d) Envie et volonté 26
 e) Un travail au compte-gouttes 27
4. Les obstacles à notre identité 27
 a) Les obstacles relevant de notre fait 28
 b) Les obstacles relevant du fait d'autrui 28
 c) Les obstacles relevant du fait de la société 29
 d) Tout ce que nous faisons, nous ne le décidons pas vraiment ... 30
 e) On ne nous a pas tout dit 31
 f) L'école de la vie 33
5. Identité et personnalité 34
 a) On perd à « gagner à être connu » 34
 b) Donner, c'est l'autre moitié de prendre 35

6. Relations interindividuelle et interpersonnelle 36
a) Tout ce que les autres font n'est pas forcément pour notre bien 36
b) Recadrer nos relations avec autrui 39
c) Le désir d'être unique pour l'autre 40
d) De l'individu à la personne 42
e) Une qualité de relation 42
7. Personnalité et névrose 44
a) L'homme préhistorique était-il névrosé ? 44
b) Névrose et société 46
c) La névrose dans la société d'aujourd'hui 47
8. Dynamique de la personnalité 48
a) Sentiment d'identité et personnalité 48
b) L'environnement sensible 49
9. Identité, personnalité et événement 50
a) Créer l'événement 50
b) Allons vers les autres 52
10. Comportements et personnalité 53
a) Psychologie du comportement 53
b) Nos comportements et nos attitudes ont toujours une origine 54
c) Entre le « plus » et le « trop » 55

Deuxième partie :

CE QUI INFIRME NOTRE PERSONNALITÉ

11. Le boudeur : un négatif passif 59
12. Le têtu : opposant et réducteur d'autrui 61
a) D'où provient l'entêtement ? 61
b) Psychologie de l'entêtement 62
13. Gâterie et personnalité 63
a) Un véritable fléau 63
b) Psychologie de la gâterie 64
14. Autorité et hiérarchie 66
a) L'identité face à l'autorité et à la hiérarchie 66
b) Comment s'instaure notre peur de l'autorité ? 66
15. Le sentiment d'infériorité 68
a) Un cercle vicieux 68
b) Pour sortir de ce cercle vicieux 71

16. Violence, agressivité et combativité 71
a) La violence 71
b) L'agressivité 72
c) L'agressivité est une violence refoulée 72
d) Combattre les idées, non les hommes 73
17. Fanatisme et kitsch 75
a) Le fanatique : capable de tout, mais sinon de rien 75
b) L'attitude « kitsch » : une sensiblerie exacerbée 77
18. Le besoin de compliquer les choses 78
a) Le doute et l'interrogation 78
b) Complexe et compliqué 79
c) Le critiqueur et l'esprit critique 80
d) L'esprit négatif et le dénigreur 81
e) L'avocat du diable et l'esprit de contradiction systématique 83
f) Contre-pied et plaisir de la rhétorique 83
g) Le spécialiste des états limites 84
h) Synthèse 85
19. Le besoin de simplifier les choses 86
a) Le simpliste : une fuite dans le « oui » 86
b) L'harmoniste 88
c) Autres caractères réputés simples 90

Troisième partie :

CE QUI CONFIRME NOTRE PERSONNALITÉ

20. La personne centrée 95
a) Entre la dramatisation et la banalisation 95
b) L'apprentissage du conflit 97
c) Le conflit névrotique 99
d) Le conflit sain 99
e) Éduquons nos émotions 100
f) Synthèse 101
g) Le centrage sur soi 101
21. Curiosité et goût de l'exploration 104
a) Du poison au contrepoison 104
b) Curiosité de l'environnement et curiosité d'autrui 107
c) Une âme d'explorateur 109

22. L'esprit de nuance 110
a) Une palette de points de vue 110
b) Saisir le détail aussi bien que l'ensemble 111
23. Devenir actionnaire du temps 112
a) Gérons notre capital vie 112
b) L'improvisation ne s'improvise pas 114
24. Indépendance, autonomie et personnalité 115
a) Liberté et personnalité 115
b) Dépendance et indépendance 116
c) L'indépendance réactionnelle 117
d) Indépendance et émancipation 118
e) Vers l'autonomie 119
25. Réapprendre l'altruisme 120
a) Qu'est-ce que l'altruisme ? 121
b) Un rite de conduite sociale 122
c) Un passeport pour une vie sociale authentique 123
d) Montrons aux autres ce que nous sommes et non ce qu'ils sont 125

Quatrième partie :

LA CONSTRUCTION DE NOTRE PERSONNALITÉ

26. Rôle et personnalité 129
a) L'art de la personnalité 129
b) Notre premier rôle remonte à l'enfance 130
c) Rôle et personnalité 131
d) Une « vitrine » de notre personnalité 132
e) Un pari impossible ? 134
f) Composition ou substitution ? 134
27. Écrire une histoire de notre propre Moi 136
a) Quelle image d'ensemble ? 136
b) Image d'identification personnelle et mythe du personnage 137
28. Choisir le héros 139
29. Le gentil 140
a) Le faux gentil et le vrai 140
b) La séduction 141
c) Les cartes de la séduction 141
d) Les dangers de la séduction 145

30. Le méchant 145
a) Le vrai méchant 146
b) Le faux méchant 147
c) Le faux méchant dans une société violente 148
d) Jouer l'agressivité 148
e) Plaidoyer pour le faux méchant 150
31. Mise en dynamique du personnage 150
a) Apprendre à dire non 150
b) S'amuser à dire non 152
32. Paradoxes et induction 153
a) Le jeu des paradoxes 153
b) Je fais mal la cuisine, mais bien les câlins 154
c) L'induction 156
33. Pluralité de l'identité et de la personnalité 159
a) Nous ne possédons pas une mais deux mille identités .. 159
b) Considérons-nous comme une personne à part entière . 160
c) Laissons « flotter » notre identité 162
34. Organisons notre identité 163
35. Organiser son identité au quotidien singulier 165
a) Apprenons à sentir notre Moi dans les petites expériences 165
b) Respectons nos rythmes 165
c) Ni le calme ni l'hystérie ne sont des valeurs en soi 166
d) Se secouer tout en étant « gentil » avec soi-même 167
e) Respecter nos besoins ne signifie pas « exaucer » tous nos désirs 167
f) A quoi sert ce que je suis en train de faire ? 168
g) Ne plus manquer de buts 168
36. Organiser notre identité au quotidien pluriel 169
a) Au-delà du « je », une autre dimension 169
b) Trouver notre identité sociale et collective 170
c) Là où régnait le Moi devra régner le Nous 171
d) Le meilleur moyen d'apprendre, c'est de faire profiter les autres de ce qu'on sait 173

Test 175

Conclusion 185

1. Ne restons pas au stade du négatif photographique 185
2. Ne pas faire comme les autres, mais « être » comme eux . 186

3. Le temps aussi apporte son obole aux situations les plus inextricables 187
4. La règle du « Je » est la clé de voûte de notre personnalité 188
5. Une règle du « Je » dont on connaît enfin les tenants et les aboutissants 189
6. Une métapersonnalité 190

On n'invente rien 193

Table des matières 201

La composition et l'impression de cet ouvrage
ont été réalisées par l'Imprimerie CLERC
18200 SAINT-AMAND - Tél. : 48-96-41-50
pour le compte des ÉDITIONS DANGLES
18, rue Lavoisier - 45800 ST-JEAN-DE-BRAYE

Dépôt légal Éditeur n° 1394 - Imprimeur n° 3855

Achevé d'imprimer en Septembre 1988